N2合格！
日本語能力試験問題集
The Workbook for the Japanese Language Proficiency Test

N2 文法
スピードマスター

Quick Mastery of N2 Grammer
N2 语法 快速掌握
N2 문법 스피드 마스터

渡邉亜子・白石知代 共著

Jリサーチ出版

はじめに

　日本語能力試験は2010年に改定され、「コミュニケーション能力」を測る試験に生まれ変わりました。N2レベルで求められるのは、「幅広い場面で使われる日本語をある程度理解できる」能力です。文法では、一つ一つの文を正確に組み立てるだけでなく、さまざまな場面で出会う会話や文章の中で、適切な文を組み立てる能力がもとめられます。

　そこで、本書ではまず、各ユニットの文章題（「チャレンジ」）で、文章の中で文型がどのように使われているのかを学べるようにしました。次に、日常生活のさまざまな場面で、N2の文型が実際にどのように使われているかを、例文をあげて説明してあります。問題練習は、ドリル、各ユニットごとの復習問題、実戦練習、模擬試験へと、易しいものから実際の試験と同じスタイルの問題へ、順を追って進める内容になっています。

　本書によって、学習者の皆さんには現在の実力を見きわめ、それをアップさせ、ぜひ日本語能力試験N2レベルの合格を勝ち取っていただきたいと思います。

渡邉亜子・白石知代

もくじ
Contents／目录／목차

はじめに ··· 3
Preface／前言／머리말

もくじ ··· 4
Contents／目录／목차

日本語能力試験と文法問題 ··· 6
Japanese Language Proficiency Test and grammar comprehension exercises／
日语能力考试和语法问题／일본어 능력 시험과 문법 문제

文型リスト ··· 8
List of the sentence pattern／句型列表／문형 리스트

この本の使い方 ··· 10
How to use this book／此书的使用方法／이 책의 사용법

ウォーミングアップ――復習ドリル ··· 12
Warming up — revision drills／准备活动—复习练习／워밍업 복습 연습

PART 1　基本文型の整理 ·· 25
Organizing basic sentence patterns／基本句型的整理／기본 문형 정리

Unit 1　「ロボットたち」(1)(2) ·· 26

Unit 2　「ダニ」(1)(2) ··· 34

Unit 3　「サイエンスカフェ」(1)(2) ······································ 44

Unit 4　「九九」(1)(2) ··· 52

実戦練習 ① ·· 62
Practice exercises ①／实战练习 ①／실전연습 ①

Unit 5　「ナルコレプシー」(1)(2) ·· 66

Unit 6　「江戸時代」(1)(2) ·· 74

Unit 7　「アイスマン」(1)(2) ·· 84

Unit 8　「婚活」(1)(2) ·· 92

実戦練習 ② ··· 102
Practice exercises ②／实战练习 ②／실전연습 ②

PART 2　模擬試験 ·· 107
Mock examinations／模拟考试／모의고사

第1回　模擬試験 ·· 108

第2回　模擬試験 ·· 112

第3回　模擬試験 ·· 116

解答用紙サンプル ··· 120
Sample answer sheet／答案纸样本／해답용지 샘플

解答用紙 ··· 121
Answer sheet／答案纸／해답용지

さくいん ··· 122
Index／索引／색인

別冊──解答・例文の訳
Appendix: Answers, Translations of example sentences／附册 ──解答・例文的翻译／별책 ─해답・예문 역

日本語能力試験と文法問題

- ●目的：日本語を母語としない人を対象に、日本語能力を測定し、認定すること。
  ※課題遂行のための言語コミュニケーション能力を測ることを重視。
- ●試験日：年2回（7月、12月の初旬の日曜日）
- ●レベル：N5（最もやさしい） → N1（最もむずかしい）

  N1：幅広い場面で使われる日本語を理解することができる。
  N2：日常的な場面で使われる日本語の理解に加え、より幅広い場面で使われる日本語を
  　　ある程度理解することができる。
  N3：日常的な場面で使われる日本語をある程度理解することができる。
  N4：基本的な日本語を理解することができる。
  N5：基本的な日本語をある程度理解することができる。

レベル	試験科目	時間	得点区分	得点の範囲
N1	言語知識（文字・語彙・文法）・読解	110分	言語知識（文字・語彙・文法）	0～60点
			読解	0～60点
	聴解	55分	聴解	0～60点
N2	言語知識（文字・語彙・文法）・読解	105分	言語知識（文字・語彙・文法）	0～60点
			読解	0～60点
	聴解	50分	聴解	0～60点
N3	言語知識（文字・語彙）	30分	言語知識（文字・語彙・文法）	0～60点
	言語知識（文法）・読解	70分	読解	0～60点
	聴解	40分	聴解	0～60点
N4	言語知識（文字・語彙）	25分	言語知識（文字・語彙・文法）・読解	0～120点
	言語知識（文法）・読解	55分		
	聴解	35分	聴解	0～60点
N5	言語知識（文字・語彙）	20分	言語知識（文字・語彙・文法）・読解	0～120点
	言語知識（文法）・読解	40分		
	聴解	30分	聴解	0～60点

※N1・N2の科目は2科目、N3・N4・N5は3科目

- ●認定の目安：「読む」「聞く」という言語行動でN5からN1まで表している。
- ●合格・不合格：「総合得点」と各得点区分の「基準点（少なくとも、これ以上が必要という得点）」
  で判定する。

☞くわしくは、日本語能力試験のホームページ〈https://www.jlpt.jp/〉を参照してください。

N2のレベル

日常的な場面で使われる日本語の理解に加え、より幅広い場面で使われる日本語をある程度理解することができる。

	N2のレベル
読む	●幅広い話題について書かれた新聞や雑誌の記事・解説、易しい評論など、論旨が分かりやすい文章を読んで文章の内容を理解することができる。 ●一般的な話題に関する読み物を読んで、話の流れや言いたいことを理解することができる。
聞く	●日常的な場面に加えて幅広い場面で、自然に近いスピードの、まとまりのある会話やニュースを聞いて、話の流れや内容、登場人物の関係を理解したり、言いたいことを理解したりすることができる。

文法問題の内容

	大問 ※1～6は文字・語彙、 10～14は読解問題		小問数	ねらい
言語知識・読解	7	文の文法1 (文法形式の判断)	○	12	文の内容に合った文法形式かどうかを判断することができるかを問う
	8	文の文法2 (文の組み立て)	◆	5	文法的に正しく、かつ、意味の通る文を組み立てることができるかを問う
	9	文章の文法	◆	5	文章の流れに合った文かどうかを判断することができるかを問う

◆以前の試験では出題されていなかった、新しい問題形式のもの
○以前の試験でも出題されていたもの

※小問の数は変更される場合もあります。

文型リスト List of the sentence pattern／句型列表／문형 리스트

Unit 1
- ～からすると
- ～くせに
- ～げ
- ～といえば
- ～にしては
- ～にもかかわらず
- ～もしない
- ～をめぐって
- ～一方(で)
- ～かい(が)あって
- ～っこない
- ～というものは
- ～どころではない
- ～はさておき
- ～はもとより
- ～を抜きに

Unit 2
- ～以上
- ～折に
- ～からして
- ～次第
- ～ずに(は)いられない
- ～か～ないかのうちに
- ～ばかりか
- ～やら～やら
- ～限り
- ～きり
- ～たいものだ
- ～だけまし
- ～っぽい
- ～ないものか
- ～に先立って
- ～はともかく

Unit 3
- ～あまり
- ～得ない
- ～がたい
- ～こととなると
- ～つつある
- ～てこそ
- ～ては(～ては)
- ～というものだ
- ～かねる
- ～だけのことはある
- ～てほしいものだ
- ～てみせる
- ～ないこともない
- ～にしろ(～にしろ)
- ～に沿って
- ～を契機に

Unit 4
- ～あげく(に)
- ～ことなく
- ～つつも
- ～として～ない
- ～とはいうものの
- ～ない限り
- ～に限って
- ～に応えて
- ～得る
- ～きれる
- ～ことだし
- ～だけに
- ～とか
- ～につき
- ～には及ばない
- ～に基づいて

Unit 5
- あまりの〜に
- 〜かと思うと
- 〜かのように
- 〜における
- 〜といった
- 〜のことだから
- 〜のみならず
- 〜もかまわず
- 〜上で
- 〜ということは
- 〜ないことには
- 〜にこしたことはない
- 〜に相違ない
- 〜(よ)うではないか
- 〜(よ)うものなら
- 〜まい

Unit 6
- あまりにも
- 〜が〜だけに
- 〜末(に)
- 〜だけあって
- 〜て以来
- 〜ている
- 〜どころか
- 〜はというと
- 〜限りは
- 〜ざるを得ない
- 〜てはかなわない
- 〜てもさしつかえない
- 〜ないではいられない
- 〜にすれば
- 〜につけ
- 〜を問わず

Unit 7
- 〜くらいなら
- 〜次第で
- 〜てまで
- 〜ところをみると
- 〜ながら
- 〜のもとで
- 〜ものの
- 〜をはじめとして
- 〜に際して(は)
- 〜に応じて
- 〜をはじめ
- 〜抜いて
- 〜にほかならない
- 〜となると
- 〜ずじまい
- 〜ではないか

Unit 8
- 〜限りでは
- 〜というか〜というか
- 〜抜きで
- 〜の上で
- 〜のだ
- 〜ばかりに
- 〜までして
- 〜(よ)うか〜まいか
- 〜てでも
- 〜というものでもない
- 〜にあたって
- 〜にしたところで
- 〜にしても
- 〜ものがある
- 〜ものなら
- 〜んだった

この本の使い方

◆パート１では、文章サンプルと例文、また３回のドリルを通して、文型の基本的な意味と用法を学習します。文章サンプルは前半と後半の二つに分け、合わせて一つのユニットとします。それぞれ８個ずつ、計16の文型を学習します。

◆パート１の前半と後半で、実戦形式の練習をします。

◆最後に、仕上げとして、また実力チェックのため、模擬試験をします（３回）。

最初に、これから学習する文型を示します。
※五十音順

First, sentence patterns that users will learn are shown.
※ Japanese alphabetical order

最初，我们先表示出即将要学习的巨星。　※按五十音图顺序。

문형의 의미나 사용법을 문장 속에서 확인합시다.

文型の意味や使い方を文章の中で確認します。

Users will check the usage or meaning of a sentence pattern in each sentence.

在文章中确认句型的意思和使用方法。

문형의 의미나 사용법을 문장 속에서 확인합시다.

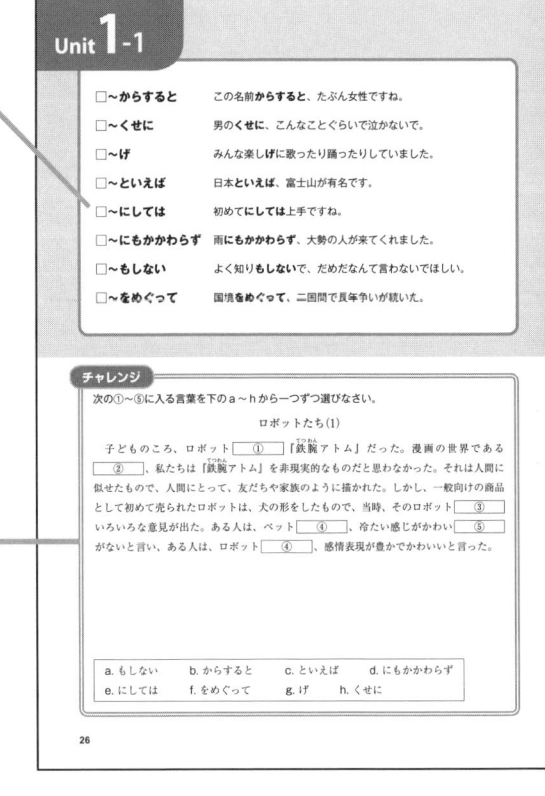

A guide to use this book./本书的用法／이 책의 사용법

◆In Part 1, we will study the basic meanings of various sentence patterns and how to use them through sample passages, sentences and 3 drills. Sample passages are divided into two parts, which together constitute one unit. We will learn a total of 16 sentence patterns, 8 in each half.
◆We will practice real-life situations in the first and second parts of Part 1.
◆Finally, to finish off the section and check what you have learned, we will practice using 3 mock exams.

◆在第一部分，通过例文和例句、还有三次练习，学习句型的基本意思和用法。例文分为前半部分和后半部分，合起来为一个单元。各学习八个、共计十六个句型。
◆第一部分的前半部分和后半部分，采取实战的形式进行练习。
◆最后的完成阶段，为了检查实力，进行模拟考试（三次）。

◆파트 1에서는 문장 샘플과 예문, 또 3회의 연습 문제를 통해 문형의 기본적인 의미와 용법을 공부합니다. 문장 샘플은 전반과 후반의 두 개로 나누어 모두 하나의 유닛을 이루고 있습니다. 각각 8개씩 총 16개의 문형을 학습합니다.
◆파트 1의 전반과 후반으로 실전 형식의 연습을 합니다.
◆마지막 총정리와 실력 체크를 위해 모의시험을 봅니다. (3회)

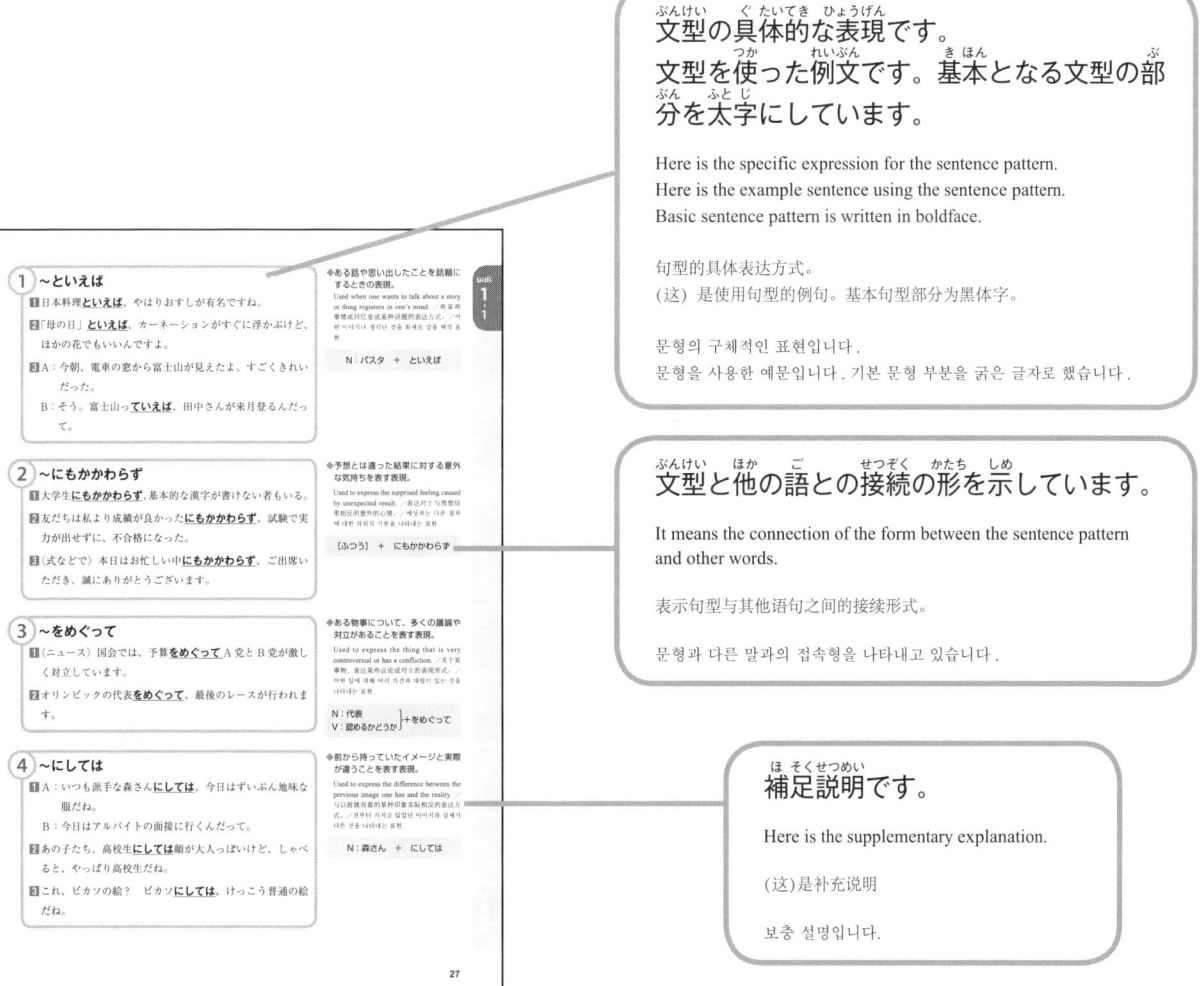

ウォーミングアップ——復習ドリル

次の文の（　　）に入れるのに最もよいものを、1・2・3・4から一つ選びなさい。

第1回

1　子どもにクリスマスプレゼントをするのは、うれし（　　）顔が見たいからです。
　　1　さ　　2　がる　　3　み　　4　そう

2　田中先生がご病気なので、今日は田中先生（　　）私が授業をします。
　　1　によって　　2　にともなって　　3　にわたって　　4　にかわって

3　今までは試合に出る（　　）けがをしていたが、このごろはけがをしなくなった。
　　1　たびに　　2　としたら　　3　ところ　　4　最中に

4　のどが痛くて、とうふ（　　）食べられない。
　　1　ないと　　2　って　　3　さえ　　4　こそ

5　どうぞ、この仕事は私に（　　）。
　　1　させられてください　　2　されてください　　3　させてください　　4　させる

6　時間さえあれ（　　）、こんな仕事、私でもできるのに。
　　1　と　　2　なら　　3　たら　　4　ば

7　子ども向けの本の（　　）は、内容が難しい。
　　1　わりに　　2　とおりに　　3　ことに　　4　せいで

8　パソコンが使えるようになったら、いろいろ調べられて、おもしろく（　　）。
　　1　ないことはない　　2　てしかたがない　　3　てばかりいる　　4　かねない

9　高速道路の料金を無料にすること（　　）は、さまざまな意見がある。
　　1　において　　2　によれば　　3　に対して　　4　によって

10　若い時はできる（　　）たくさん本を読んだほうがいい。
　　1　だけ　　2　ば　　3　ほど　　4　とすれば

11　「あそこのレストラン、平日でも混んでるね」「うん、安くておいしい（　　）」
　　1　にすぎない　　2　ように言う　　3　はずがない　　4　らしい

12　肉（　　）野菜もたくさん食べなさい。
　　1　にかわって　　2　をもとに　　3　だけじゃなくて　　4　ばかりか

13　どうか面接試験でうまく話せ（　　）。
　　1　てもらえないかな　　2　ますように　　3　みたいだ　　4　に決まっている

14　それについて提案し（　　）、賛成してくれる人もいたが、結局反対された。
　　1　たって　　2　たところ　　3　てはじめて　　4　ていく

15　コートは軽ければ軽い（　　）着やすい。
　　1　こそ　　2　さえ　　3　ば　　4　ほど

第2回

1　花をもらったけど、花びんがないので、（　　　）コップを使うことにした。
　　1　かわりに　　2　ようにする　　3　ために　　4　際に

2　今回は優勝のチャンスがあると思っていたので、こんなに早く負けて、悔しく（　　　）。
　　1　てもしょうがない　　2　てばかりだ　　3　てはだめ　　4　てたまらない

3　台風の（　　　）、電車が止まってしまった。
　　1　ため　　2　以来　　3　ところで　　4　はず

4　少しサイズが大きいけど、はけ（　　　）。
　　1　たばかりだ　　2　ないこともない　　3　てもしょうがない　　4　たらよかった

5　日本の映画はつまらないと言って、姉は外国の映画（　　　）見ない。
　　1　しか　　2　こそ　　3　だけ　　4　さえ

6　今日はあまり食べたくないから、飲み物（　　　）。
　　1　だけでいい　　2　ばかりだ　　3　ままにする　　4　にすぎない

7　8時からドラマを見たいから、それまでに宿題をやら（　　　）。
　　1　ない　　2　なきゃ　　3　なかった　　4　なくなる

8　目が痛いなら、冷たい水で冷やし（　　　）。
　　1　てしかたがない　　2　てくれないかな　　3　てみたらどうですか　　4　ますように

9　こんなに難しい文章、うまく読める（　　　）自信がありません。
　　1　ことに　　2　ばいい　　3　かどうか　　4　からこそ

10　先週もらっ（　　　）の今月のおこづかいは、もうなくなってしまった。
　　1　たばかり　　2　てならない　　3　てはじめて　　4　たところ

11　この携帯は操作が簡単だから、うちのおばあちゃん（　　　）使える。
　　1　だって　　2　だから　　3　としても　　4　にしては

12　しょうゆで汚れたシャツを石けんつけて洗ったら、（　　　）汚れが広がってしまった。
　　1　一方　　2　かわって　　3　反面　　4　かえって

13　お花見楽しかったよ。桜もきれいだったし。ワンさんも来ればよかった（　　　）。
　　1　もん　　2　っけ　　3　のに　　4　ようだ

14　テレビを買うなら、駅前のさくら屋で買っ（　　　）。
　　1　てある　　2　たらいいよ　　3　てもしょうがない　　4　たらよかった

15　今のマンションは古いので、新しいマンションを探そ（　　　）。
　　1　うと思っている　　2　うだ　　3　うとしない　　4　うに感じる

第3回

1 この事典は、説明だけでなく文字も間違い（　　　）。
   1　わけにはいかない　　2　ままだ　　3　にすぎない　　4　だらけだ

2 スピーチがうまくできる（　　　）、家で何回も練習した。
   1　ように　　2　だけ　　3　うちに　　4　ばいい

3 この料理ちょっと甘い。きっと砂糖を入れすぎた（　　　）。
   1　ばかりだ　　2　だけでいい　　3　たらどうですか　　4　に違いない

4 家を離れて一人で生活することにしたが、実際に一人になってみるとさびしく（　　　）。
   1　てならない　　2　てばかりいる　　3　てもしかたがない　　4　ように感じる

5 私は人の名前を聞いてもすぐに忘れ（　　　）。
   1　とく　　2　ちゃう　　3　なきゃ　　4　ておく

6 「山田君と田中君が話しているところ、このごろ見ないね」「けんかしている（　　　）ね」
   1　ままになる　　2　による　　3　ようになる　　4　みたいだ

7 「郵便局に行くの？　だったら、（　　　）切手を買ってきてくれる？」
   1　ついでに　　2　あいだに　　3　うちに　　4　たびに

8 来年度の予算案（　　　）各党の意見が対立している。
   1　を通じて　　2　をめぐって　　3　を通して　　4　をもとに

9 この温泉には日本人（　　　）外国からの旅行者もたくさん来る。
   1　ばかりでなく　　2　ばかり　　3　だけ　　4　ばかりの

10 うちの犬は、私が家を出（　　　）といつも、散歩に行くと期待して玄関に走っていく。
    1　ようになる　　2　ようにする　　3　ないと　　4　ようとする

11 昨日はすごく疲れていて、電気をつけた（　　　）にして寝てしまった。
    1　まで　　2　の　　3　まま　　4　あいだ

12 「１泊２食で2000円？　あのホテルがこんなに安い（　　　）」「あっ、２万円でした」
    1　とはかぎらない　　2　だけじゃない　　3　わけがない　　4　ということだ

13 各国の代表者が集まって、石油の安定供給（　　　）の会議を行った。
    1　に反して　　2　に関して　　3　によって　　4　にとって

14 「参加者は20人だと思っていたら、12人の間違いだったんだって」「そうなんだ。用意したお茶が余る（　　　）」
    1　べきだ　　2　ことだ　　3　わけだ　　4　ままだ

15 田中さんはお年寄りが電車に乗ってくると、いつも席をゆずっ（　　　）。
    1　てあげる　　2　てくれる　　3　てもらう　　4　てある

第4回

1 「ここに置いためがねがなくなった」「誰も使わないんだから、なくなる（　　　　）でしょ。ほら、あなたの頭の上にあるわよ」
　　1　わけ　　2　はずがない　　3　に違いない　　4　らしい

2 大人（　　　　）知らないことを、この男の子はよく知っている。
　　1　だけ　　2　には　　3　とは　　4　でさえ

3 皆に歌ってほしいと言われては、歌わない（　　　　）。
　　1　わけにはいかない　　2　わけだ　　3　みたいだ　　4　わけがない

4 レポートは、来週の金曜日の4時（　　　　）事務所に出してください。
　　1　まで　　2　まま　　3　うちに　　4　までに

5 風邪が流行っているから、家に帰ったらすぐに手を洗う（　　　　）。
　　1　ものか　　2　はずだ　　3　ように　　4　なんか

6 暑いからといって、そんなにジュースばかり飲ん（　　　　）。水を飲みなさい。
　　1　だところ　　2　だばかりだ　　3　だらだめ　　4　だらどうですか

7 彼は世界の天然資源（　　　　）調べているそうだ。
　　1　に対して　　2　について　　3　によって　　4　にとって

8 天気予報によると、明日から少しずつ暖かくなる（　　　　）。うれしいね。
　　1　なんか　　2　なんて　　3　って　　4　もんか

9 電気を節約するために、まず電気のつけ（　　　　）に注意しよう。
　　1　っぱなし　　2　まま　　3　てある　　4　ておく

10 カレーライスをつくる（　　　　）、カレーじゃなくてシチューになった。
　　1　のではないだろうか　　2　とすると　　3　つもりだったのに　　4　つもり

11 このごろ疲れ（　　　　）と目がよく見えなくなる。歳なのかなあ。
　　1　てくる　　2　ていく　　3　てある　　4　ておく

12 あのたなには写真や人形（　　　　）を置くといいと思うよ。
　　1　や　　2　なんて　　3　と　　4　なんか

13 携帯がこわれたんだけど、全然使えない（　　　　）から、しばらく使うことにした。
　　1　わけにはいかない　　2　わけじゃない　　3　わけだ　　4　わけがない

14 あっ、もう5時。夕飯の支度をはじめ（　　　　）。
　　1　なくてもいい　　2　なくっちゃ　　3　ないことはない　　4　なんて

15 家具を買うときは、部屋の広（　　　　）を考えて決めないと、あとで困ります。
　　1　み　　2　げ　　3　っけ　　4　さ

第5回

1 友だちと別れる（　　　）、私は「さようなら」とは言わず、「またね」ということにしている。
　　1　最中　　2　際　　3　以来　　4　一方

2 ドラマ（　　　）、ニュースも見たほうがいい。
　　1　ばかりでなく　　2　にかぎり　　3　ばかり　　4　だけでいい

3 高校に入ってから、数学の授業は難しくてわからなくなる（　　　）。
　　1　はずがない　　2　しかない　　3　一方だ　　4　ことはない

4 あの雲、まるでソフトクリームの（　　　）ね。
　　1　そうだ　　2　ようだ　　3　はずだ　　4　わけだ

5 大きくなる（　　　）、娘はだんだん私に似てきた。
　　1　せいで　　2　にくらべて　　3　につれて　　4　にくわえて

6 会社のパソコンにはすべて会社の名前が書い（　　　）。
　　1　てある　　2　ていく　　3　ておく　　4　ている

7 「向こうに見える動物はヒツジかな」「ヒツジ（　　　）大きいんじゃない？　ウマだよ」
　　1　に限らず　　2　にかわって　　3　にすぎない　　4　にしては

8 新しく開発された薬を飲み始めたんだけど、効果があれ（　　　）なあ。
　　1　ばよかった　　2　いい　　3　ばいい　　4　よかった

9 昔からあるレストランだ（　　　）、おいしいとはかぎらない。
　　1　からでないと　　2　からこそ　　3　からといって　　4　から

10 テレビドラマでラーメンを食べているのを見ると、ラーメンが食べたく（　　　）。
　　1　なきゃ　　2　なる　　3　ないと　　4　なんて

11 私たちは電気が使えることを当たり前のことと考え、電気をむだに使い（　　　）。
　　1　かけだ　　2　がちだ　　3　がる　　4　そうだ

12 今度の英語の試験、何課から何課までだった（　　　）。
　　1　もん　　2　もんか　　3　なんて　　4　っけ

13 ちゃんと食事をしないでお菓子ばかり食べていると、栄養が不足して病気になり（　　　）。
　　1　かけだ　　2　かねない　　3　はずだ　　4　わけだ

14 はさみ、ありがとう。ここに置い（　　　）よ。
　　1　てくる　　2　てある　　3　ておく　　4　ていい

15 わるいけど、あそこにある資料をここまで持ってき（　　　）。
　　1　てくれるかな　　2　てあげるかな　　3　てくれたかな　　4　てあげたかな

第6回

1 子供が小さい（　　　）、私は家でパソコンを使ってできる仕事をするつもりだ。
　　1　において　　2　あいだに　　3　かぎり　　4　あいだ

2 家に帰って来たら手を洗いなさいと（　　　）言っても、息子は言うことを聞かない。
　　1　だけ　　2　まで　　3　いくら　　4　かどうか

3 彼には３年前に会って（　　　）、ずっと会っていない。
　　1　以来　　2　一方　　3　ないと　　4　うちに

4 このパソコンは使いやすい（　　　）、軽くて運びやすい。
　　1　からこそ　　2　せいで　　3　というと　　4　うえに

5 この絵本は子ども（　　　）、大人にも人気があります。
　　1　にとって　　2　に反して　　3　にかぎらず　　4　において

6 値段が高いレストランだからといって、おいしい（　　　）。
　　1　とはかぎらない　　2　ところだった　　3　ということだ　　4　みたいだ

7 お父さんは家具を作るのが趣味なんだけど、作り（　　　）のテーブルやらいすやらがたくさんあって、お母さんは困っている。
　　1　がちな　　2　かねない　　3　ままになる　　4　かけ

8 明日はいい天気になる（　　　）。
　　1　そうにない　　2　ことだ　　3　かなあ　　4　じゃない

9 明日の午後から夜（　　　）、雪が降るでしょう。
　　1　最中に　　2　にかけて　　3　につれて　　4　にくわえて

10 こんなことは友だちだ（　　　）言えるんだ。君のために、言っているんだよ。
　　1　からこそ　　2　からといって　　3　といったら　　4　といえば

11 こんなに音がうるさいのは、きっとこわれている（　　　）。
　　1　からだ　　2　ことはない　　3　わけではない　　4　にすぎない

12 父親だ（　　　）、子どもの将来をかってに決めていいというものではない。
　　1　なんて　　2　にかぎり　　3　からといって　　4　といっても

13 汚れているくだものはよく洗って（　　　）、食べてはいけないよ。
　　1　ばかり　　2　ないと　　3　だけでいい　　4　からでないと

14 「お時間ありますか」「ええ、20分（　　　）ありますよ。」
　　1　くらいなら　　2　くらいでも　　3　ごろなら　　4　ごろでも

15 あっ、危ない。もう少しで階段から（　　　）ところだった。
　　1　落ちる　　2　落ちた　　3　落とす　　4　落とした

第7回

1 3年前、家族（　　　）日本に来ました。
　1　をもとに　　2　につれて　　3　とともに　　4　にくわえて

2 一生懸命勉強したから（　　　）、この大学に合格できた。
　1　だけ　　2　こそ　　3　さえ　　4　には

3 近くに高いビルが建ってしまった（　　　）、富士山が見えなくなってしまった。
　1　ぐらいで　　2　わけで　　3　ところで　　4　せいで

4 旅行に行かないのは、行きたくない（　　　）ではなく、お金がない（　　　）です。
　1　から　　2　こと　　3　はず　　4　もの

5 姉がのんびりしているの（　　　）、妹は負けず嫌いだ。
　1　につれて　　2　にしては　　3　によって　　4　に対して

6 健康のため、毎日30分歩く（　　　）。
　1　ことである　　2　ことになる　　3　ことにしている　　4　ことはない

7 日本人の好きな花（　　　）、やはり桜だろう。
　1　とすれば　　2　といえば　　3　としたら　　4　というのは

8 彼女は今年、卒業生の代表（　　　）、みんなの前であいさつをした。
　1　として　　2　にして　　3　とすると　　4　にすると

9 これ、先日（　　　）かさです。ありがとうございました。
　1　お借りする　　2　お借りした　　3　お借りました　　4　お借りになった

10 車は渋滞で遅れる（　　　）ので、電車で行きます。
　1　ことにする　　2　ことになる　　3　ことである　　4　ことがある

11 おしょう油をもう少し入れたらどうかしら。ちょっと味がうすい（　　　）思うんだけど。
　1　からと　　2　ように　　3　だから　　4　ためと

12 この検査は、全く痛くないですから、そんなに（　　　）ことはありません。
　1　心配する　　2　心配した　　3　心配します　　4　心配しない

13 今日こそ早く起きて掃除をする（　　　）のに、また昼まで寝てしまった。
　1　つもりだ　　2　つもりです　　3　つもりだった　　4　つもりでした

14 事務室で（　　　）ところ、テストの結果は、来週わかるそうです。
　1　聞いてみる　　2　聞いてみた　　3　聞いてみます　　4　聞いてみました

15 コーヒーをいれました。どうぞ（　　　）うちに召し上がってください。
　1　冷めない　　2　冷めません　　3　冷めた　　4　冷めました

第8回

1 彼女は音楽大学の出身ですから、クラシック音楽にはくわしい（　　　）ですよ。
　1　もの　　2　こと　　3　つもり　　4　はず

2 母が料理を教えてくれた（　　　）、留学してからも困らなかった。
　1　おかげで　　2　せいで　　3　ように　　4　わりに

3 買ってきてほしいもの、メモに書い（　　　）から、お願いね。
　1　ちゃ　　2　とく　　3　て　　4　なきゃ

4 新しい教科書は、来週、届く（　　　）。
　1　ことにします　　2　ことになっています　　3　ことにしました　　4　ことです

5 そんなにいいコンサートだったなら、私も（　　　）。
　1　行こうとする　　2　行こうとした　　3　行けばいい　　4　行けばよかった

6 電車の中で、大声で話す（　　　）。
　1　ところではない　　2　ものではない　　3　わけではない　　4　はずではない

7 会社で、若い社員がはっきり意見を言わない（　　　）問題になった。
　1　というはずが　　2　というわけが　　3　ということが　　4　というものが

8 この金庫は、本人でないと開かない（　　　）。
　1　ようにする　　2　ようになる　　3　ようになっている　　4　ようにしない

9 忙しくても、ちゃんと料理を作って（　　　）よ。
　1　食べなきゃだめ　　2　食べちゃだめ　　3　食べてもいい　　4　食べなくてもいい

10 すみませんが、コピー機、（　　　）。
　1　使わせてほしいですか　　2　使わせていただけませんか
　3　使っていただきませんか　　4　使っていただきたいですか

11 これ以上会議を続けても、いい考えは出て（　　　）。今日はもう終わりにしよう。
　1　来る　　2　来るはずだ　　3　来ようとする　　4　来そうにない

12 「もうお昼食べた？」「今、食べに（　　　）ところ。一緒に行く？」
　1　行く　　2　行った　　3　行っている　　4　行かない

13 午後から台風で電車が止まる（　　　）ので、授業はこれで終わりにします。
　1　わけがある　　2　おそれがある　　3　はずである　　4　ものである

14 一人で（　　　）はじめて親のありがたさがわかった。
　1　暮らす　　2　暮らすので　　3　暮らした　　4　暮らして

15 どんなに家賃が（　　　）、危ないところには住みたくない。
　1　安くても　　2　安いと　　3　安いので　　4　安いのに

第9回

1 1時間でレポートを書くなんて、無理に（　　　）じゃないか。
　　1　決まる　　2　決まった　　3　決まっている　　4　決まっていない

2 天気予報によると、今年はサクラの咲く時期が（　　　）。
　　1　遅いそうだ　　2　遅そうだ　　3　遅いのだ　　4　遅そうもない

3 日本人だからといって、敬語がちゃんと使える（　　　）。
　　1　に決まっている　　2　とはかぎらない　　3　だけではない　　4　わけにはいかない

4 10万円で旅行に（　　　）としたら、どこに行きたい？
　　1　行く　　2　行かない　　3　行きます　　4　行って

5 うちの子は（　　　）ばかりいて、ちっとも勉強しません。
　　1　遊ぶ　　2　遊ばない　　3　遊んで　　4　遊んでいる

6 ロンドンの冬は、思ったほど（　　　）。
　　1　寒い　　2　寒かった　　3　寒いです　　4　寒くなかった

7 手が届かないんだけど、ちょっとそのお皿、取って（　　　）かな。
　　1　もらう　　2　もらって　　3　もらわない　　4　もらえない

8 海の近くで育ったので、（　　　）は得意です。
　　1　泳ぐ　　2　泳いで　　3　泳ぎ　　4　泳いだ

9 味の好みは（　　　）違うので、レストランを紹介するのは難しい。
　　1　人によって　　2　人によれば　　3　人にとって　　4　人につれて

10 困ったときこそ、みんなで助けあう（　　　）。
　　1　ようだ　　2　べきだ　　3　までだ　　4　ほどだ

11 それでは、先生方への感謝の気持ち（　　　）、卒業生が歌を歌います。
　　1　を通して　　2　をめぐって　　3　をこめて　　4　をもとにして

12 毎晩、友だちに遊びに（　　　）、勉強が全然できない。
　　1　来て　　2　来ないで　　3　来られて　　4　来てもらって

13 これは、作者の体験を（　　　）書かれた小説である。
　　1　めぐって　　2　ともなって　　3　もとにして　　4　よって

14 ちょうど（　　　）とした時、雨が降ってきた。
　　1　出かける　　2　出かけた　　3　出かけろ　　4　出かけよう

15 風邪（　　　）なので、今日は早く帰りたいんですが……。
　　1　ぎみ　　2　よう　　3　らしい　　4　げ

第10回

1 鈴木先生は、厳しい（　　　　　）、とてもやさしいところがある。
　　1　反対に　　2　に反して　　3　反面　　4　反面に

2 インターネットでもこういう輸入雑貨が（　　　　　）ようになって、うれしい。
　　1　買う　　2　買える　　3　買います　　4　買わせる

3 この小説はわかりやすい文章で書かれているので、留学生にもぜひ（　　　　　）。
　　1　読んでほしい　　2　読みたい　　3　読んでもいい　　4　読むべきだ

4 健康のため、毎日野菜を食べる（　　　　　）。
　　1　ようにします　　2　ようになります　　3　ようにしています　　4　ようになっています

5 7歳のとき、泳げる（　　　　　）。
　　1　ようにします　　2　ようにしました　　3　ようになります　　4　ようになりました

6 説明書（　　　　　）やれば、誰でも簡単にできますよ。
　　1　に関して　　2　につれて　　3　のとおりに　　4　によって

7 病気のときに友だちがご飯を作ってくれて、（　　　　　）うれしかったことか。
　　1　こんなに　　2　そんなに　　3　あんなに　　4　どんなに

8 「あら、パクさん、遅刻？」「すみません。事故で電車が止まってしまった（　　　　　）」
　　1　ものですから　　2　ことですから　　3　わけですから　　4　はずですから

9 「お客様、いかがですか？」「もう少し大きいのが（　　　　　）探しているんですが……」
　　1　あると思って　　2　あればと思って　　3　ないと思って　　4　なければと思って

10 あの店のラーメンは、1時間待っても食べたい（　　　　　）おいしい。
　　1　まで　　2　こそ　　3　ほど　　4　のに

11 山田さんのセーター、（　　　　　）ね。
　　1　暖かそうです　　2　暖かいそうです　　3　暖かいことです　　4　暖かいです

12 ケータイを水の中に落としてしまったら、中のデータは（　　　　　）しかないだろう。
　　1　あきらめる　　2　あきらめない　　3　あきらめて　　4　あきらめます

13 健康診断で異常がない人は、全体の1割（　　　　　）そうだ。
　　1　にすぎる　　2　にかぎる　　3　にかぎらない　　4　にすぎない

14 先のことを（　　　　　）しかたがない。今できることをしよう。
　　1　心配して　　2　心配しても　　3　心配しないで　　4　心配しなくても

15 明日から旅行に行く（　　　　　）、何も準備をしていない。
　　1　という　　2　といって　　3　というのに　　4　といったのに

第11回

1. 大雨（　　　　）、畑の作物がだめになった。
   1. にとって　2. によって　3. につれて　4. に関して

2. 彼女とは、大学の時の友だち（　　　　）知り合いました。
   1. を通して　2. をめぐって　3. によって　4. について

3. 輸入食品の安全性（　　　　）、多くの専門家が議論している。
   1. に対して　2. にとって　3. を通して　4. をめぐって

4. 「目がない」（　　　　）、食べ物などがとても好きだ、という意味です。
   1. という　2. といって　3. というのは　4. といっても

5. 何か連絡する方法を教えてくれる？　メールアドレス（　　　　）、電話番号（　　　　）。
   1. など　2. とか　3. と　4. は

6. 動物を飼うのは大変だと思っていたが、友だちの犬を見ていたら、私も犬を（　　　　）。
   1. 飼いたくなった　2. 飼いたいになった　3. 飼いたい　4. 飼いたかった

7. さっき電話があり、木村さんは今日、熱が出て来られない（　　　　）。
   1. ことです　2. といいました　3. とのことです　4. としました

8. 英語が話せる（　　　　）、できるのはほんの日常会話だけです。
   1. というのに　2. というのは　3. といって　4. といっても

9. 小さい頃から親に、人に迷惑を（　　　　）と言われてきた。
   1. かける　2. かけた　3. かけない　4. かけるな

10. 駅から10分くらい（　　　　）ところで、方向を間違っていることに気がついた。
    1. 歩く　2. 歩いて　3. 歩いた　4. 歩かない

11. うちの会社で一番数字に（　　　　）は、山田さんです。
    1. 強い　2. 強いの　3. 強いこと　4. 強いわけ

12. 新しい駅ビルの完成（　　　　）、駅周辺に新しい店が増えはじめた。
    1. にともない　2. にしたがって　3. にくわえて　4. にもとづき

13. 「田中さんにあげた記念品、いくらだった？」「8000円だったから、4人で払う（　　　　）、1人2000円になるね。」
    1. になると　2. とすると　3. としても　4. にしては

14. 知り合いに英語を（　　　　）と頼まれたけど、自信も時間もないので断った。
    1. 教えてあげる　2. 教えてあげろ　3. 教えてくれる　4. 教えてくれ

15. 彼女（　　　　）、ペットの存在は家族と全く同じだった。
    1. によって　2. というと　3. にとって　4. といえば

第12回

1　一生（　　　　）付き合うことのできる友人は、それほど多くない。
　　1　にわたって　　2　につれて　　3　にとって　　4　によって

2　彼女の意見は、しっかりしたデータ（　　　　）ので、誰も反対できなかった。
　　1　にともなっていた　　2　にもとづいていた　　3　をめぐっていた　　4　を通していた

3　この洗剤は、皮製品（　　　　）、すべての服を洗うことができます。
　　1　に比べて　　2　に反して　　3　をのぞいて　　4　を通して

4　みんなが協力すれば、これからは老人が安心して暮らせる施設が（　　　　）。
　　1　増えるのではないだろうか　　2　増えるのではないだろう
　　3　増えるのではない　　　　　　4　増えないのではない

5　昨日、田中さんが家族とステーキレストランに入る（　　　　）を見た。
　　1　とき　　2　もの　　3　こと　　4　ところ

6　夫は、何度言っても、決してタバコを（　　　　）としない。
　　1　やめる　　2　やめよう　　3　やめない　　4　やめろ

7　今年の入学式は、市民ホール（　　　　）行われます。
　　1　によって　　2　にとって　　3　において　　4　について

8　この紙は、お菓子を（　　　　）に使います。
　　1　包む　　2　包み　　3　包んで　　4　包むの

9　日本人は、欧米人（　　　　）、魚の料理をよく食べる。
　　1　をのぞいて　　2　に関して　　3　にくらべて　　4　を通して

10　最近は、小麦粉を（　　　　）に焼いたパンもあるそうです。
　　1　使わず　　2　使わない　　3　使い　　4　使って

11　この料理、少し塩が多いけど、食べられ（　　　　）。
　　1　たばかりだ　　2　たらよかった　　3　ないこともない　　4　ないことになった

12　急いでいたからタクシーに乗ったのに、渋滞のせいで（　　　　）遅くなってしまった。
　　1　かえって　　2　反して　　3　かわって　　4　一方で

13　日本人はみんな刺身が好きな（　　　　）。好きな人もいれば、嫌いな人もいる。
　　1　わけがない　　2　わけにはいかない　　3　わけだ　　4　わけじゃない

14　日本へは観光客（　　　　）一度来たことがある。
　　1　にとって　　2　によって　　3　として　　4　といって

15　A：今朝の天気予報によると、夕方から雨が降るんだ（　　　　）。
　　B：じゃ、授業が終わったら、すぐ帰ったほうがいいね。
　　1　のに　　2　って　　3　っけ　　4　もん

この本で使う記号

V＝動詞（いく、みる、する、くる etc.）

A＝い形容詞（おおきい、たかい、さむい etc.）

Na＝な形容詞（きれいな、にぎやかな、げんきな etc.）

N＝名詞（ほん、バナナ、くつ、そら etc.）

[ふつう]＝普通体／普通形

  V：行く、行かない、行った、行かなかった etc.

  A：多い、多くない、多かった、多くなかった etc.

  Na：きれいだ、きれいではない、きれいだった、きれいではなかった etc.

  N：晴れだ、晴れではない、晴れだった、晴れではなかった etc.

◆漢字かひらがなか、などの表記については、固定せず、ある程度柔軟に扱っています。

We have been somewhat flexible in our choice of kanji or hiragana for the transcription of words in this text.

对于是汉字还是平假名的表示方法并没有固定,而是在一定程度上采取了灵活的处理方式。

한자인지 히라가나인지, 등의 표기에 대해서는 고정하지 않고 어느정도 유연하게 취급하고 있습니다.

PART 1

基本文型の整理

Organizing basic sentence patterns
基本句型的整理
기본 문형 정리

Unit 1-1

- □ ～からすると　　この名前**からすると**、たぶん女性ですね。
- □ ～くせに　　　　男の**くせに**、こんなことぐらいで泣かないで。
- □ ～げ　　　　　　みんな楽し**げ**に歌ったり踊ったりしていました。
- □ ～といえば　　　日本**といえば**、富士山が有名です。
- □ ～にしては　　　初めて**にしては**上手ですね。
- □ ～にもかかわらず　雨**にもかかわらず**、大勢の人が来てくれました。
- □ ～もしない　　　よく知り**もしない**で、だめだなんて言わないでほしい。
- □ ～をめぐって　　国境**をめぐって**、二国間で長年争いが続いた。

チャレンジ

次の①～⑤に入る言葉を下のa～hから一つずつ選びなさい。

ロボットたち(1)

子どものころ、ロボット　①　『鉄腕アトム』だった。漫画の世界である　②　、私たちは『鉄腕アトム』を非現実的なものだと思わなかった。それは人間に似せたもので、人間にとって、友だちや家族のように描かれた。しかし、一般向けの商品として初めて売られたロボットは、犬の形をしたもので、当時、そのロボット　③　いろいろな意見が出た。ある人は、ペット　④　、冷たい感じがかわい　⑤　がないと言い、ある人は、ロボット　④　、感情表現が豊かでかわいいと言った。

| a. もしない | b. からすると | c. といえば | d. にもかかわらず |
| e. にしては | f. をめぐって | g. げ | h. くせに |

1 〜といえば

1. 日本料理**といえば**、やはりおすしが有名ですね。
2. 「母の日」**といえば**、カーネーションがすぐに浮かぶけど、ほかの花でもいいんですよ。
3. A：今朝、電車の窓から富士山が見えたよ。すごくきれいだった。
   B：そう。富士山**っていえば**、田中さんが来月登るんだって。　※くだけた会話では「〜っていえば」になる。（例文3）

◆ある話や思い出したことを話題にするときの表現。

Used when one wants to talk about a story or thing registers in one's mind. ／将某些事情或回忆变成某种话题的表达方式。／어떤 이야기나 생각난 것을 화제로 삼는 표현.

N：日本料理　＋　といえば

2 〜にもかかわらず

1. 大学生**にもかかわらず**、基本的な漢字が書けない者もいる。
2. 友だちは私より成績が良かった**にもかかわらず**、試験で実力が出せずに、不合格になった。
3. 〈式などで〉本日はお忙しい中**にもかかわらず**、ご出席いただき、誠にありがとうございます。

◆予想とは違った結果に対する意外な気持ちを表す表現。

Used to express the surprised feeling caused by unexpected result. ／表达对于与预想结果相反的意外的心情。／예상과는 다른 결과에 대한 의외의 기분을 나타냄.

V,A,Na[ふつう]＋にもかかわらず
N：雨＋にもかかわらず

3 〜をめぐって

1. 〈ニュース〉国会では、予算**をめぐって**A党とB党が激しく対立しています。
2. オリンピックの代表**をめぐって**、最後のレースが行われます。

◆ある物事について、多くの議論や対立があることを表す表現。

Used to express the thing that is very controversial or has a confliction. ／关于某事物，表达某些议论或对立的表现形式。／어떤 일에 대해 많은 의견과 대립이 있는 것을 나타내는 표현.

N：代表
V：行くかどうか ｝＋をめぐって

4 〜にしては

1. A：いつも派手な森さん**にしては**、今日はずいぶん地味な服だね。
   B：今日はアルバイトの面接に行くんだって。
2. あの子たち、高校生**にしては**顔が大人っぽいけど、しゃべると、やっぱり高校生だね。
3. これ、ピカソの絵？　ピカソ**にしては**、けっこう普通の絵だね。

◆前から持っていたイメージと実際が違うことを表す表現。

Used to express the difference between the previous image one has and the reality. ／与以前就有着的某种印象实际相反的表达方式。／전부터 가지고 있던 이미지와 실제가 다른 것을 나타냄.

N：森さん　＋　にしては

5 ～げ

1. A：あの犬、迷子になったのかなあ？
   B：わからない。でも、悲し**げ**な目でこっちを見ているね。
2. 〈ニュース〉日本は、危な**げ**のない試合で1回戦に勝利しました。
3. A：田中さん、手伝ってあげたのに、一言もお礼なしだった。
   B：一言も!?　かわい**げ**ないね。

◆外から見た様子を表す接尾語。「〜のような様子」という意味。

Prefix used to express the superficial appearance. It means "looks / sounds like 〜". ／结尾词，表示从外表看的样子。"像〜的样子"的这种意思。／겉으로 본 모습을 나타내는 접미어．「〜와 같은 모습」을 의미．

> A：かわいい　＋　げ

6 ～からすると

1. A：このハガキ、誰からかな？
   B：この丸い字**からすると**、山田さんじゃないかなあ。
2. A：試験の合格発表、昨日でしょ。林さん、どうだったんだろう？
   B：あの様子**からすると**、だめだったんじゃない？

◆判断をするときに使い、「〜の観点・基準から考える」という意味を表す。

Used when one wants to judge something, and means "consider from the 〜 point of view / criteria". ／使用于表示判断。表示"从〜的观点、基准考虑"。／판단을 할 때 사용해「〜관점・기준으로 생각하다」의 의미를 나타낸다．

> この／その／あの　＋　N：天気　＋　からすると

7 ～もしない

1. 食事**もしない**でゲームばかりしていると、病気になるよ。
2. A：失敗したなあ。このシャツ、ちょっと派手すぎた。
   B：よく見**もしない**で買うからよ。
3. できるかどうか、努力**もしない**で、最初からあきらめるんですか。

◆「全く〜ない」という意味。話し手の不満な気持ちが込められることが多い。

Used to express "not 〜 at all", and frequently shows a feeling of speaker's discontent. ／"什么都不"的意思。包含说话人不满的心情时比较多。／「전혀〜아니다」라는 의미．화자의 불만이 담기는 경우가 많다．

> V：食べます
> V：努力する　＋　もしない

8 ～くせに

1. A：江戸時代って何年からだっけ？
   B：大学生の**くせに**、そんなことも知らないの？
2. A：ごめん、今日、帰りが10時ごろになるから、先に食べて。
   B：またー!?　今日は早く帰るって言った**くせに**。

◆「〜の立場なのに、それにふさわしくない」という不満の表現。

Used to express a feeling of discontent to say "one's status is not high enough and not qualified for that". ／一种不满的表现，"虽然是〜的立场，但与此不相称"／「〜의 입장인데 그것에 맞지 않는다」라는 불만을 나타내는 표현．

> ［ふつう］　＋　くせに
> ㊟［Na：下手な　N：子供の］

ドリルA

次のa、bのうち、正しいほうを選びなさい。

1 以前はどこの会社も社員旅行というのがあって、社員旅行（a. といえば　b. をいえば）、たいてい温泉に行っていた。

2 彼は健康にいいからと言って、冬（a. にかかわらず　b. にもかかわらず）毎朝、外で体操している。

3 あの二人は別れることになったが、子どもの教育費（a. がめぐって　b. をめぐって）まだ争っている。

4 これ、牛肉（a. にしては　b. によっては）色がうすいね。本当に牛肉？

5 定年退職をした父がテレビを見ている姿は、なんとなく寂し（a. け　b. げ）だ。
　　　　　　　　＊定年退職：会社などの決まりで、ある年齢になったらその職場をやめること。

6 足の大きさ（a. からすると　b. ですると）、犯人の身長は170センチはあるだろう。

7 私が名前を呼んでも、彼は返事（a. もしないで　b. にもしないで）走って行ってしまった。

8 うちのタマは、猫の（a. くせで　b. くせに）魚を全然食べないんです。

ドリルB

下のa～fの中から最も適当なものを一つ選びなさい。

1 父はエレベーターがある（　　　）、いつも階段を使っています。

2 初めて（　　　）上手ですね。

3 この雲の感じ（　　　）、もうすぐ雨だね。

4 会議では、料金の値上げ（　　　）議論が続けられている。

5 ブラジル（　　　）、リオのカーニバルが有名ですね。

| a. からすると | b. といえば | c. にしては | d. にもかかわらず |
| e. もしない | f. をめぐって | | |

Unit 1-2

- □ ～一方（で）　　　物が増え続けて、部屋は狭くなる**一方**です。
- □ ～かい（が）あって　努力した**かいあって**、合格しました。
- □ ～っこない　　　　こんなにたくさんの漢字、一日で覚えられ**っこない**。
- □ ～というものは　　お金**というものは**、ときどき、人を変えてしまう。
- □ ～どころではない　カラオケ？　ごめん。明日試験で、それ**どころじゃない**んだ。
- □ ～はさておき　　　値段**はさておき**、とてもおいしかった。
- □ ～はもとより　　　味**はもとより**、サービスもすごくよかったです。
- □ ～を抜きに　　　　A社の協力**を抜きに**して、この仕事はできない。

チャレンジ

次の①～⑤に入る言葉を下のa～hから一つずつ選びなさい。

ロボットたち(2)

　犬のロボットに批判的な人たちがいる　①　で、忙しくてペットの食事や散歩の世話　②　という人からは、ロボットのほうが"飼いやすい"とか、動物を飼うことができないマンションでも問題がないからいいとか、死なないからいいとか、肯定的な意見が出た。

　今、ロボットは犬だけではない。猫のロボットもある。柔らかい毛がついていて、なでると甘えた鳴き声を出したり、ゆっくりとしっぽを動かしたりする。本当の猫に見えるかどうか　③　、さわった感じが気持ちよく、人間の動作に応えるところがいいようだ。こうしたロボットは人間とともに生活することを目指しているので、パートナー・ロボットと呼ばれている。彼らは、かわいい動きをすること　④　、火事などの異常も知らせてくれる。

　近い将来、パートナー・ロボット　⑤　生活できない日が来るかもしれない。

| a. 一方 | b. はさておき | c. をぬきにしては | d. っこない |
| e. というものは | f. はもとより | g. どころではない | h. かいがあって |

⑨ ～一方（で）

1 A：この街も若い人が減って、お年寄りばかりになったね。
　 B：うん。お店も減る**一方**だし、この先どうなるんだろうね。

2 A：うちの近くにも図書館作ってくれないかなあ。
　 B：無理だと思うよ。市の借金は年々増える**一方**みたいだから。

3 このオーケストラは、演奏技術がよくなる**一方で**、表現力は下手になってきた。

◆ある変化や傾向に偏っている様子を表す。また、Aは「ある面では～、他の面では～」と、Aの異なる面を表す。

Used to express a bias towards a certain change or tendency. Also used to express A's different aspects by saying A is "～ in one way, and ～ in another way"./表示偏向于某种变化和倾向。A是"一方面这样，另一方面～"，表示A的不同面。/어떤 변화나 경향에 치우쳐 있는 모습을 나타낸다. 또한, A는「어떤 면에서는~ , 다른 면에서는~」라고 A의 다른 면을 나타낸다.

[ふつう] ＋ 一方(で)

⑩ ～どころではない

1 A：ねえ、明日バーゲンに行かない？
　 B：ごめん。来週試験で、それ**どころじゃない**の。

2 A：天気もよさそうだし、週末、花見に行かない？
　 B：無理無理。もうすぐレポートの締め切りで、花見**どころじゃない**んだ。

◆「そのようなことができる状況ではない」と強く否定する表現。

Used to express a strong denial by saying "can't do it in this situation"./表示强烈的否定"不是能做某种事情的状况"。/「그와 같은 일을 할 수 있는 상황이 아니다」라고 강하게 부정하는 표현.

V：行く
N：食事する／音楽会 ＋ どころではない

⑪ ～はさておき

1 この本、内容**はさておき**、タイトルはすごくいいと思う。

2 A：日本も最近、強くなったね。
　 B：うん。勝てるかどうか**はさておき**、今日もいい試合をするんじゃないかな。

3 〈パーティーで〉冗談**はさておき**、早速、会を始めたいと思います。

◆「今は～について話題に取り上げない」という意味。

Used to express "one is not taking up ～ right now"./"暂且把某事放在一边，不作为话题提出来。"/「지금은 ~에 대해 화제로 삼지 않는다」라는 표현.

N：挨拶 ＋ はさておき

⑫ ～はもとより

1 この店は、味**はもとより**、店からの眺めも最高です。

2 一年の入院ということで、本人**はもとより**、家族も大変だったようです。

◆「～はもちろん」の意味。このあとに「ほかの例も同様」ということを述べる。

Used to express "as well as ～". After this, the fact "other examples are the same" will be mentioned./"当然"的意思。然后，叙述"不仅如此,还有其他更重要的事情"。/「～はもちろん」의 의미. 이어서「다른 예도 같음」이라는 것이 나옴.

N：味 ＋ はもとより

13 ～を抜きに

1. 今後の日本経済を考えるとき、消費税の問題**を抜きに**することはできない。
2. A：カルロスが試合に出れないのは大きいですね。
   B：ええ。このチームは彼**を抜きに**しては、戦えませんから。

◆「Aを抜きにしてB」の形で「Aがないと、Bの実現が困難」という意味。
「Aを抜きにしてB」is used to express "if there isn't A, B can't become reality". ／用「Aを抜きにしてB」的形式，表示"没有A，B的实现很困难。"／「Aを抜きにしてB」의 형태로「A가 아니면 B의 실현이 곤란」라는 의미.

N：問題 ＋ をぬきに

14 ～っこない

1. A：日本は最初の試合、ブラジルとだって。
   B：ブラジルと!?　前回の優勝国でしょ。勝て**っこない**よ。
2. そのテーブルは一人じゃ持て**っこない**よ。二人で持とう。
3. 私が講師？　そんなの、でき**っこありません**。

◆「絶対～ない」の意味で、可能性を強く否定する表現。
Used to express "never happens" and strongly deny the possibility. ／"绝对不行"的意思，表示强烈地否定可能性。／「절대～아니다」의 의미로 가능성을 강하게 부정하는 표현.

V：わかります ＋ っこない

15 ～というものは

1. 子供**というものは**、親のまねをするものです。
2. 人生**というものは**、思い通りに行かないものです。

◆ある話題を取り上げ、その普遍的な性質を述べる表現。
Take up a certain topic and used to express the universal behavior. ／提出某个话题，叙述其普遍的性质。／어떤 화제를 들어 그 보편적인 성질을 나타내는 표현.

N：仕事 ＋ というものは

16 ～かい(が)あって

1. 3カ月辛かったけど、食事を減らして運動した**かいがあって**、10キロやせた。
2. A：本物の絵をたくさん見られてよかったね。
   B：うん。イタリアまで来た**かいがあった**よ。

◆「目的を持った行為(～)が望ましい結果につながったこと」の表す。
Used to express "～ aimed to do something leads to a successful result". ／表示"有目的的某种行为得到了某种期望的结果"／「목적을 가진 행위(～)가 바람직한 결과로 이어진 것」을 나타낸다.

V：教えた
N：練習するの ＋ かいあって

ドリル A

次のa、bのうち、正しいほうを選びなさい。

1　子供が3人いるので、教育費は増える（a. 一方　b. 方向）です。

2　試合が始まったら仕事（a. ところでは　b. どころでは）なくなって、結局、みんなでテレビを見て、日本を応援しました。

3　この店の料理は、値段（a. がさておき　b. はさておき）、味はすばらしい。

4　今回の優勝は、監督（a. はもとから　b. はもとより）、応援してくれた人たちのおかげです。

5　私の朝は、コーヒー（a. をぬきにしては　b. がぬきになっては）考えられない。

6　あんなに速い話し方では、誰が聞いてもわかり（a. っこない　b. ってない）よ。

7　幸福（a. いうものは　b. というものは）お金で買えるものではない。

8　一生懸命探した（a. かいがあって　b. かいによって）、写真が見つかった。

ドリル B

下のa～fの中から最も適当なものを一つ選びなさい。

1　合格発表の前は、食事（　　　）、何もできなかった。

2　この建物は、地震（　　　）、火事にも強いんです。

3　経済は悪くなる（　　　）、企業の採用の数も減っている。

4　原さん（　　　）、今回の優勝はなかったと思う。

5　冗談（　　　）、早速、会議を始めたいと思います。

| a. 一方で | b. かいがあって | c. をぬきにして | d. どころではなく |
| e. はさておき | f. はもとより | | |

→ Unit 1の復習「ドリルC」が42ページにあります。

Unit 2-1

- □ ~以上　　　　　　一度やると言った**以上**、最後までやるつもりです。
- □ ~折に　　　　　　東京にいらした**折には**、ぜひお寄りください。
- □ ~からして　　　　あの顔**からして**、怒っていることがわかる。
- □ ~次第　　　　　　わかり**次第**、お知らせします。
- □ ~ずに(は)いられない　ちょっと高かったけど、買わ**ずにいられなかった**。
- □ ~か~ないかのうちに　私がそう言った**か**言わ**ないかのうちに**、彼女は泣き出した。
- □ ~ばかりか　　　　今の会社は、仕事が面白くない**ばかりか**、給料も安いんです。
- □ ~やら~やら　　　出張**やら**引っ越し**やら**で、今月は忙しい。

チャレンジ

次の①~④に入る言葉を下のa~hから一つずつ選びなさい。

ダニ（1）

　ある機関が都市の住宅環境を調べた結果によると、日本人の3人に1人はアレルギーを持っていて、その原因の一つがダニだそうだ。

　ダニは布団の中に多くいる。そこには、髪の毛のふけ　①　あか　①　がたまっている。ふけやあかはダニにとっていいえさなのである。また、人間の体温や汗も都合がよく、温かく湿気のある布団は、ダニにとって最も住みやすい環境になる。

　ダニは布団の中で50~100個以上の卵を産むそうである。卵は1カ月すると成長して、また卵を産む。こうして、最初は30匹だったものが、3カ月経つかたた　②　1万匹にもなってしまう。布団の中では、ダニのふんがたまる　③　、死んだダニもどんどん増える。この結果、布団はアレルギーの原因となるダニや死んだダニでいっぱいになってしまうのである。こんな話を聞くと、布団を干さ　④　なる。

＊ふけ：頭の皮膚の古くなった部分などが乾いて、粉のようになったもの
＊あか：体から出た汗などの汚れ
＊アレルギー：ある食べ物や物を体が受け付けず、体に病的な変化が表われること

| a. ずにはいられなく | b. やら | c. 以上 | d. 折に | e. からして |
| f. ばかりか | g. ないかのうちに | h. 次第 | | |

1 ～やら～やら

1〈監督へのインタビュー〉

アナウンサー：チームの調子はどうですか

監督：けが**やら**インフルエンザ**やら**で、試合に出(ら)れない選手が多くて困っています。

2 今日は財布を落とす**やら**、部長に怒られる**やら**で、大変な日だった。

3 A：午後、打ち合わせできる？

B：今日は会議**やら**新人研修会**やら**があって無理。明日なら大丈夫だけど。

◆複数の例を挙げて、物や事柄がいろいろあることを表す。

Used to express the fact that there are many things or issues by showing several examples. ／举出多个事例，表示事物或是事情有很多。／복수의 예를 들어 물건이나 사항이 여러 가지 있음을 나타낸다.

```
V：悲しむ
A：うれしい      ＋ やら～やら
N：消しゴム
```

2 ～か～ないかのうちに

1〈火事を見た人の話〉ドーンという音がして、1分たつ**か**たた**ないかのうちに**火が出て来ました。

2 彼は、5時のベルが鳴る**か**鳴ら**ないかのうちに**手を止め、工場を飛び出した。

◆「AかAないかのうちにB」の形で、Aの直後にBが起こることを表す。

「AかAないかのうちにB」 is used to express B happens right after A. ／用「AかAないかのうちにB」的形式，表示发生了A，马上就发生B。／「AかAないかのうちにB」의 형태로 A한 직후 B가 일어남을 표현.

```
V：出発するか＋しないか
  寝たか ＋ 寝ないか     ＋のうちに
```

3 ～ばかりか

1 とうふは、たんぱく質をたくさん含む**ばかりか**、ビタミンなども豊富なんです。

2 A：課長、最近イライラしてるね。

B：そうなんだ。部下**ばかりか**、配達の人にもどなっているからね。

◆「AばかりかB」の形で、「Aだけでなく、そのうえBも」の意味。

「AばかりかB」 is used to express "not only A but also B". ／用「AばかりかB」的形式，表示"不仅仅是A,还有B。"／「AばかりかB」의 형태로「A만이 아니라 그 위에도B도」라는 의미.

```
[ふつう] ＋ ばかりか
㊟[Na：便利な／である
  N：友だち、歌手である]
```

4 ～ずに(は)いられない

1〈映画について〉

A：泣いてるの？

B：だって、あのラストシーンを見たら、泣か**ずにはいられない**よ。

2 A：何一人で笑ってるの？

B：あの時の先生の顔を思い出すと、笑わ**ずにはいられな**くて。

◆話し手の「非常に～したい」という抑えられない気持ちを表す。

Used to express the speaker's irrepressible feeling like "I really want to do ～". ／表达说话人"非常想做某事"的难以抑制的心情。／화자의「대단히 ～하고 싶다」라는 억누를 수 없는 기분을 표현.

```
V：笑わない ＋ ずには
         ＋
         いられない
```

35

5 ～以上

1. A：前にハワイに連れて行ってくれるって言ったのは本当？
   B：もちろん。約束した**以上**、そのつもりだよ。
2. 引き受けた**以上**は、ちゃんと責任を持ってやります。
3. 一度契約した**以上**、簡単には取り消すことはできない。

◆「～のような状況であるから、必ず／当然～」という意味を表す。

Used to express the fact that "the situation is ～, so there must be ～".／表示"因为是像什么样的状况, 所以, 必须～"的意思。／「～와 같은 상황이니까 반드시/당연히～」라는 의미를 나타냄.

[ふつう] ＋ 以上
㊟[Na：不便である　N：学生である]

6 ～折に

1. 森先生とは、先日のパーティーの**折に**少し話をしました。
2. A：では、傘をお借りします。すぐお返しに参ります。
   B：ああ、いつでも構いませんよ。来月の会議の**折に**でも。

◆「～の機会に」という意味。「～のとき」よりも丁寧な表現。

Used to express "on that situation". 「～のとき」 is more formal.／"～的机会"的意思。比「～のとき」更为郑重。／「～의 기회에」라는 의미.「～의 때」보다 정중한 표현.

[ふつう] ＋ 折に
㊟[N：旅行の]

7 ～からして

1. A：このお店、150年前にできたんですって。
   B：なるほど。雰囲気**からして**ちょっと違うね。
2. A：山田さん、結婚して変わったね。
   B：うん、優しくなった。言葉づかい**からして**、前と全然違う。

◆「Aからして」の形で、判断の理由としてAを取り上げる表現。

「Aからして」 is used when A is taken up as a reason for the judgment.／用「Aからして」的形式, 作为判断的理由, 列举出A。／「Aからして」의 형태로 판단 이유로 A를 드는 표현.

N：言い方 ＋ からして

8 ～次第

1. 〈ニュース〉
   先ほど、関東地方で地震がありました。詳しい情報が入り**次第**、お伝えいたします。
2. A：あのー、品物はいつ入りますか。
   B：すみません、もう少しお待ちください。わかり**次第**、お知らせしますので。

◆「A次第」の形で、「Aが起こったら、すぐ～」という意味を表す。

「A次第」 is used to express "right after A happens, then ～".／用「A次第」的形式, 表示"如果A发生了, 立刻就～"的意思。／「A次第」의 형태로 「A가 일어나면 곧～」의 의미를 나타낸다.

V：終わります
N：到着する ＋ 次第

ドリルA

次のa、bのうち、正しいほうを選びなさい。

1 12月は忘年会（a. から　b. やら）年賀状書き（a. まで　b. やら）で忙しい。
　　　　　　　　　　　　　　　　　　　　　　　　　＊忘年会：会社や友だち同士で行う年末の飲み会

2 私の場合、ビールを一口飲むか飲ま（a. なければで　b. ないかのうちに）顔が真っ赤になるんです。

3 家を出るのが遅れた（a. ばかりか　b. ばかりに）、渋滞もあって、空港に着いたのは10時半だった。

4 お酒を飲みすぎると体に悪いということはわかっているが、いやなことばかりで飲ま（a. ずにはいられない　b. ずにはできない）。

5 高いお金を払って見る（a. 以下に　b. 以上）、最初から最後までちゃんと見たい。

6 ブログをやっていますので、お暇な（a. おりで　b. おりに）一度見てみてください。

7 今回の試験は難しかったです。問題の数（a. からして　b. からとして）今までよりずいぶん多かったです。

8 部屋の準備ができ（a. 次第　b. 次第で）会議を始めます。

ドリルB

下のa～fの中から最も適当なものを一つ選びなさい。

1 あの人は服装（　　　）先生らしくない。

2 父の顔から、箱を開けるか開け（　　　）、中に何が入っているか、わかった。

3 彼は最近、遅刻が多い（　　　）ミスも目立つ。

4 一度断った（　　　）、やっぱりやりますとは言いにくい。

5 このデータは、何かの（　　　）見たことがあります。

| a. 以上　　　b. おりに　　　c. からして　　　d. ずにはいられなくて |
| e. ないかのうちに　　　f. ばかりか |

Unit 2-2

- □ **～限り**　　　タバコをやめない**限り**、この咳は止まらないですよ。
- □ **～きり**　　　この着物は2年前に着た**きり**なんです。
- □ **～たいものだ**　たまには一週間くらい、のんびり旅行に行き**たいものだ**。
- □ **～だけまし**　硬くてせまいベッドだけど、寝れる**だけまし**だ。
- □ **～っぽい**　　高校生なのに、大人**っぽい**ね。
- □ **～ないものか**　もっとわかりやすく説明でき**ないものか**なあ。
- □ **～に先立って**　試合**に先立って**、両国の国歌を演奏します。
- □ **～はともかく**　内容**はともかく**、字の間違いが多すぎる。

チャレンジ

次の①～④に入る言葉を下のa～hから一つずつ選びなさい。

ダニ(2)

　ダニは、布団を干して乾燥させたぐらいでは死なないそうだ。布団の中のほうに逃げてしまうからである。少しでも生きているダニがいる　①　、そこからさらに増えていくのだ。アレルギーを持つ多くの人が、ダニのいない布団で寝ることはでき　②　と願うが、容易なことではないのである。

　対策としては、洗濯や掃除、湿度を50％以下に保つことなどがあげられる。しかし、洗濯や掃除　③　、湿度を50％以下にしておくのは、一般の家では難しい。エアコンを一日つけておく方法も考えられるが、電気代が高くなる。

　最近出たダニとり専用の製品は、布団の下やいすの下に置いておくと、布団や部屋のダニが減るというものである。ただ、薬の効果は3カ月なので、また取りかえなければならない。これも十分ではないが、アレルギーの心配が少し減る　④　かもしれない。

| a. たいものだ | b. きり | c. はともかく | d. っぽい |
| e. だけまし | f. かぎり | g. に先だって | h. ないものか |

9 〜限り

1. タバコをやめない**限り**、この咳は止まらないですよ。この機会にやめるよう努力してください。
2. A：満員電車に乗らなくて済むようにならないかなあ。
   B：今の会社に勤めている**限り**は難しいと思う。
3. A：彼は独身ですか。
   B：私の知る**限り**では、誰かと一緒に住んでいるようですが、結婚はしていないようです。

◆「A限りB」の形で、「Aである間はB」という意味を表す。

「A限りB」is used to express "as long as something is A, it is B"。／用「A限りB」的形式，表示"是A的时候，就是B"。／「A限りB」의 형태로「A인 동안은B」라는 의미를 나타낸다．

[ふつう] ＋ かぎり
㊟[Na:丈夫な／である　N:社長である]

10 〜たいものだ

1. 一度はこういう高級ホテルに泊ってみ**たいものです**。
2. こんなに働いているんだから、もう少し給料を上げてもらい**たいものだ**ね。

◆「本当に〜たい」という意味で、強く願ったり望んだりする気持ちを表す。

Used to express "really want to 〜" and show the strong feeling to hope or desire something. ／"真的想怎么样"的意思，表达一种强烈地期望或者愿望的心情。／「정말로〜싶다」라는 의미로 강하게 원하거나 희망하는 기분을 표현．

V：住みます ＋ たいものだ

11 〜ないものか

1. A：カレーライス、もっと簡単に作れ**ないものか**なあ。
   B：すぐ楽をしようとする。
2. A：ここはいつも混雑してるね。
   B：うん。もうちょっと何とかなら**ないものか**ね。

◆実現するのが難しい状況において、それでも実現を強く願う気持ちを表す。

Used to express the strong feeling to make something come true even in a difficult situation. ／处于一种比较难于实现起来的状况，即使这样还是表达一种想要实现的强烈愿望。／실현하기 어려운 상황에서 그래도 실현을 강하게 바라는 기분을 표현．

V：できない ＋ ものか

12 〜はともかく

1. 結果**はともかく**、最後まで全力を出すことが大切です。
2. 味**はともかく**、すぐに食べられそうだから、ここにしよう。

◆「AはともかくB」の形で、AよりBを優先させるという意味。

「AはともかくB」is used when B is prior to A. ／用「AはともかくB」的形式，表达比起A来说，更优先B的意思。／「AはともかくB」의 형태로 A보다 B를 우선한다는 의미．

N：味 ＋ はともかく

13 〜だけまし

1. A：今年はまだ一回しか旅行に行ってない。
   B：行ける**だけまし**だよ。私なんか、まだどこにも行ってないよ。
2. A：なんとか指定席を取ったけど、端のほうしかなかった。いい？
   B：もちろん。座れる**だけまし**だよ。

◆不満はあるが、状況や内容がまだいいほうであると認める表現。
Used to express the feeling that one has a complaint but agree that the situation or matter is still better. ／虽说有些不满，但是，承认状况或内容还是比较好的。／불만은 있지만, 상황이나 내용이 아직 좋은 편이라고 인정하는 표현.

[ふつう] ＋ だけまし
注 [Na：静かな　静かである
　　N：食べ物である]

14 〜きり

1. 入院してからは、水を一杯飲んだ**きり**で、まだ何も食べていません。
2. A：最近、山田さんに会った？
   B：2カ月前に会議で会った**きり**で、ずっと会ってません。
3. この着物は2年前に着た**きり**なんです。

◆「〜したのが最後で、その後何も変化がない」ことを表す。
Used to express the fact that "one did 〜 last time and nothing changes after that". ／表达"做什么事情是最后，之后就无任何变化了。"／"〜한 것이 마지막으로 그 후 아무것도 변화가 없다"는 것을 나타냄.

V：会った ＋ きり

15 〜に先立って

1. 会議に**先立って**、メンバーの紹介が行われた。
2. 試合を始めるのに**先立って**、ルールの説明が行われます。

◆「Aに先立って」の形で、「Aをする前に／Aの前に」の意味。
「Aに先立って」 is used to express "before doing A / before A". ／用"「Aに先立って」"的形式，表达"做A事之前／A的前面"的意思。／「Aに先立って」의 형태로 「A를 하기 전에 / A 전에」의 의미.

V：始める(の)
N：開会する　＋ に先だって

16 〜っぽい

1. 弟は飽き**っぽい**から、すぐ新しいものをほしがる。
2. A：このTシャツはどう？　彼女、猫が好きだったから。
   B：うーん。かわいいけど、ちょっと子供**っぽく**ない？
3. 年のせいか、最近、忘れ**っぽく**なったよ。人の名前とか、ちょっとした用事とか。

◆ものの性質について、「〜の傾向が強い」ことを表す。
Used to express something "has a strong tendency of 〜". ／关于事物的性质，表达"〜的傾向比較強"／사물의 성질에 대해「〜의 경향이 강하다」는 것을 나타낸다.

V：忘れます
A：安い　　＋ っぽい
N：子供

ドリルA

次のa、bのうち、正しいほうを選びなさい。

1 外国語は、毎日練習しない（a. かぎって　b. かぎり）、上手にはならない。
2 できれば、駅から10分くらいまでのところに住み（a. たいことだ　b. たいものだ）ね。
3 もう少しわかりやすく話せ（a. ないことか　b. ないものか）なあ。
4 デザイン（a. ともかく　b. はともかく）、作りはしっかりしている。
5 今回の風邪は、熱が出ても食欲がなくならない（a. まし　b. だけまし）だ。
6 北海道は子供の時に一度行った（a. ぎり　b. きり）で、そんなによく知らないんです。
7 新しい店のオープン（a. に先だって　b. 先だって）毎日打ち合わせが行われた。
8 そのネックレスは、見た感じが安（a. っこい　b. っぽい）ね。

ドリルB

下のa～fの中から最も適当なものを一つ選びなさい。

1 この仕事をしてから、正月を親と過ごせなくなったけど、今度の正月ぐらいは家に帰り（　　　）です。
2 開会（　　　）花火が打ち上げられた。
3 話す内容（　　　）、話し方がよくない。相手の目を見て、もっと大きな声で話したほうがいい。
4 「交通費は出してくれるの？」「500円までね。でも、出してくれる（　　　）」
5 話を聞く（　　　）、そのやり方に問題はないと思う。

| a. かぎり | b. きり | c. たいもの | d. だけまし |
| e. に先立って | f. はともかく | | |

→ Unit 2の復習「ドリルC」が43ページにあります。

ドリルC （Unit 1の復習）

次のa、bのうち、正しいほうを選びなさい。

1 小学生（a. にしては　b. はもとより）うますぎる字だ。親が手伝ったんじゃないかな。

2 外国語（a. となると　b. というものは）毎日学習を続けることで上手になるのだから、まず、それを習慣にしよう。

3 大人は、意見を言う子供に対して、よく「子供の（a. ために　b. くせに）」と言うが、子供の意見や考えをばかにしてはいけない。

4 夏のくだもの（a. はさておき　b. といえば）、やはりスイカですね。

5 彼はそれほどお金を持っていない（a. にしては　b. にもかかわらず）、私にお金を貸してくれた。

6 この仕事を続けているとストレスがたまる（a. くせに　b. 一方）なので、やめることにした。

7 これから聴くバッハの曲はフーガ形式といいますが、難しい説明（a. もしない　b. はさておき）、きれいな曲ですから、さっそくお聴きください。

8 相手のことをよく知り（a. もしない　b. っこない）で批判するのはよくない。

9 道路建設（a. をめぐって　b. というものは）賛成派、反対派が対立している。

10 弁護士という仕事は、法律の知識（a. はもとより　b. はというと）、相手を納得させるための話し方の技術も必要だ。

11 あの苦しそうな様子（a. からすると　b. をめぐって）、11番の選手はレースから外れるかもしれません。

12 オーケストラは、バイオリン（a. をぬきにしては　b. はさておき）成り立たない。

13 こんなに重い荷物、私ひとりで運べ（a. っぱなし　b. っこない）よ。

14 この青いカーテンは、見た感じが涼し（a. さ　b. げ）で、いいですね。

15 一生懸命ごちそうを作った（a. かいがあって　b. にしては）、パーティーに来てくれた人はみんなおいしいと言ってくれた。

16 今日は朝からずっと会議続きで、昼食（a. もしない　b. どころでは）なかった。

ドリル C （Unit 2 の復習）

次のa、bのうち、正しいほうを選びなさい。

1 安全確認が終わり（a. 次第　b. 以上）、発車いたします

2 親に頼っている（a. だけまし　b. かぎり）、本当の大人にはなれない。

3 去年出たこのお菓子は、日本国内（a. ばかりか　b. からして）海外でもヒット商品になった。

4 曲（a. はともかく　b. はもちろん）、歌詞はすばらしい。

5 必ずやると言った（a. 以上　b. おりに）、途中でやめるわけにはいかない。

6 今度の部屋も駅から遠いけど、前の部屋に比べて景色がいい（a. だけまし　b. かぎり）だ。

7 二郎はいすに座るか座ら（a. ないものか　b. ないかのうちに）テーブルにあったおすしを全部食べてしまった。

8 なんとかして、この計画を成功させ（a. ずにはいられない　b. たいものだ）。

9 あの店は閉店するそうだ。場所も悪いけど、店員の態度（a. からして　b. やら）良くなかったから、当然だけどね。

10 ひろしは朝、本屋に行った（a. きり　b. 次第）、まだ戻ってこない。どこにいるんだろう？

11 そのことについては、田中さんの都合のいい（a. 次第　b. おりに）、またゆっくり話しましょう。

12 資料の管理をもっとうまくでき（a. といえば　b. ないものか）、皆で話し合った。

13 昨日の飲み会では、森さんと林さんがけんかするやら、川島さんが泣き出す（a. やら　b. だけまし）で、大変だったよ。

14 さっき、タクシーに乗ろうとしたら、近いからって乗車を断られて頭に来た。周りに人がいたけど、怒鳴ら（a. ないものか　b. ずにはいられなかった）よ。

15 さっきのシーンの表情からすると、この男が犯人（a. っぽい　b. だけまし）んだけどなあ。

16 DVDの発売（a. に先立って　b. をめぐって）、何か記念イベントが行われるそうだ。

Unit 3-1

- □ 〜あまり　　　　　興奮の**あまり**、写真を撮るのを忘れてしまった。
- □ 〜得ない　　　　　私が賞をもらうなんて、あり**得ない**です。
- □ 〜がたい　　　　　3年間、毎日みんなと練習したのは、忘れ**がたい**思い出です。
- □ 〜こととなると　　子供の**こととなると**、自分のこと以上に心配です。
- □ 〜つつある　　　　今年に入って、景気は少しずつよくなり**つつあります**。
- □ 〜てこそ　　　　　自分の言葉で書い**てこそ**、相手に気持ちが伝わる。
- □ 〜ては（〜ては）　書い**ては**消し、消し**ては**書いているうちに、紙が破れた。
- □ 〜というものだ　　楽しい時もあれば悲しい時もある。それが人生**というものだ**。

チャレンジ

次の①〜⑤に入る言葉を下のa〜hから一つずつ選びなさい。

サイエンスカフェ(1)

　科学の世界は面白そうに感じられる半面、数字や記号、難しい説明を見たりすると、近寄り　①　ものに感じられる。実際、科学について何か疑問を持ったときに専門書を読んで、理解し　②　ことがある。

　一方、研究者は、研究室で自分の研究に夢中になるタイプが多く、研究に夢中になる　③　、普通の生活の　④　全くわからない。そういう人が多かった。世間も、科学者というのは、普通の生活から離れて生きているものだと思っていた。科学者たちの世界と一般の人の世界は、互いに遠く離れていたのだ。

　ところが最近、人々の科学への関心が高まり、科学者の側からも、科学に対してもっと多くの人に親しみを持ってもらうよう、働きかけるようになった。そこで、新しいタイプの講演会が行われるようになり、いま盛んになり　⑤　。それが、サイエンスカフェである。

| a. あまり | b. ては | c. 得ない | d. てこそ | e. つつある |
| f. がたい | g. こととなると | h. というものだ | | |

1 ～がたい

1〈部屋の整理をしながら〉

これは高かったからもったいないし、これも友だちにもらったものだから捨てづらいし……。どれも捨て**がたい**なあ。

2〈引っ越しの時〉長年住んだ家だから、ちょっと離れ**がたい**気もするね。

◆「～しようとしても、～するのが難しい」という意味。

Used to express the fact that "even if one tries to ～, it's difficult to do it". ／"即使想做某事，做起来也比较难"的意思。／「～하려고 해도 ～하기 어렵다」라는 의미.

V：捨てます ＋ がたい

2 ～得ない

1〈銀行の両替機を使って〉

A：おかしいなあ。100円足りない。

B：そんなこと、あり**得ない**って。よく数えて。

2今回は予測し**得ない**ことが起きたけど、皆、落ち着いていた。

◆「～することができない」「～する可能性がない」という意味。

Used to express the fact that "can't do ～" or "there's no possibility to ～". ／"不能做某事""不可能做某事"的意思。／「～할 수가 없다」「～할 가능성이 없다」라는 의미.

V：あります ＋ 得ない

3 ～あまり

1母は、私を心配する**あまり**、体調を崩したようです。

2その犬が死んだ時、先生は悲しみの**あまり**、しばらく仕事を休んでいました。

◆「程度が過ぎて、普通ではない結果になったこと」を表す。

Used to express the fact that "something goes beyond a certain level and resulted in an unusual situation". ／表示"程度过分，导致了非普通的结果"。／「정도가 지나쳐 보통이 아닌 결과가 되었다는 것」을 나타내다.

[ふつう] ＋ あまり
㊟[Na：好きな　N：悲しみの]

4 ～こととなると

1彼は普段は無口だけど、山登りの**こととなると**、急におしゃべりになる。

＊無口：人とあまりしゃべらないこと

2お弁当を作るほうが経済的だし、体にもいいけど、毎日の**こととなると**、大変かもしれない。

◆「ある話題については通常と違う態度になる様子」を表す。

Used to express the fact that "when it comes to a certain topic, one acts unusually differently toward that". ／表示"关于某个话题，就变成与平常不一样的态度"。／「어떤 화제에 대해서는 보통과 다른 태도가 되는 모습」을 나타낸다.

N：勉強の ＋ こととなると

5 ～つつある

1. 事故から一週間がたち、原因などが明らかになり**つつある**。
2. 最近、車に興味のない若者が増え**つつある**。

◆ものごとが進行中であること、変化をしているところであることを表す。

Used to express the fact that something is being processed or being changed.／表示事物在进行中，变化中。／일이 진행 중인 것, 변화 중이라는 것을 나타낸다.

V：増えます ＋ つつある

6 ～ては（～ては）

1. 東京は、降っ**ては**やみの毎日で、はっきりしない天気が続く。
2. ABC出版は、新しい本を出し**ては**ベストセラーになっている。

◆「AてはB」の形で「Aしたら、いつもBする」の意味を表す。

Used to express the fact that "whenever one does A, he/she always does B".／用「AてはB」的形式，表示"做了A之后，总是做B"。／「AてはB」의 형태로「A하면 항상 B한다」의 의미를 나타낸다.

V：書いて ＋ は

7 ～てこそ

1. 〈料理番組〉
   どんな料理も、まず、材料選びからです。材料が新鮮であっ**てこそ**、最高の味を引き出すことができます。
2. 若い時はいろんなことに挑戦してください。失敗することばかりかもしれません。でも、自分で体験し**てこそ**、多くのことが学べるのです。

◆「ある条件が満たされて、初めて何かができる」という意味。

Used to express the fact that "if all requirements are met, then one can do something for the first time".／"满足了某个条件，才第一次能做某事"的意思。／「어떤 조건이 충족되어 비로소 무언가를 할 수 있다」라는 의미.

V：勝って ＋ こそ

8 ～というものだ

1. A：原さんはけがでずっと試合に出れないけど、一番大きな声で応援してくれている。
   B：それでこそリーダー**というものだよ**。
2. 妻：まだ子供なんだから、あんなに怒ったらかわいそうよ。
   夫：子供が悪いことをしたときは、厳しく叱るのが親の愛情**というもんだろう**？

◆ある事実に対し、「本当に～だ」と感想を強調する表現。

Used to express the feeling and emphasize that "something is truly ～".／对于某个事实，强调"真是～"的感想。／어떤 사실에 대해「정말로～이다」라는 감상을 강조하는 표현.

［ふつう］ ＋ というものだ
㊟[Na：親切　N：経営者]

ドリル A

次のa、bのうち、正しいほうを選びなさい。

1 罪のない人を殺すなんて、許し（a. たい　b. がたい）ことだ
2 自分の意見を自由に言えないなんて、普通の国ではあり（a. 得ない　b. 得る）。
3 スピーチコンテストでは、緊張の（a. あまり　b. おまけに）、話す内容をかなり忘れてしまった。
4 父はやさしいけど、お金の（a. ことと　b. こととなると）厳しい。
5 公衆電話がなくなり（a. つつ　b. つつある）が、携帯が使えなくなったときは、非常に困る。
6 押し（a. ては　b. ても）引き、引い（a. ては　b. ても）押して、やっとその牛は歩き出した。
7 困った時に助け合っ（a. てこそ　b. ては）、本当の友だちです。
8 自分の利益を考えずにやるのが、ボランティア（a. というものだ　b. となるものだ）。

ドリル B

下のa～fの中から最も適当なものを一つ選びなさい。

1 あの二人が付き合ってる!?　それはあり（　　　）よ。
2 ずっと苦しそうで、昨日から食べ（　　　）吐いているんです。
3 彼が無遅刻、無欠席なんて、信じ（　　　）ね。
4 ゲームに熱中する（　　　）、食事をするのを忘れていました。
5 彼はアニメの（　　　）、目を輝かせる。

a. あまり	b. ては	c. 得ない	d. つつある
e. がたい	f. こととなると		

Unit 3-2

□ ～かねる	飛行機で行くか、新幹線で行くか、まだ決め**かねている**。
□ ～だけのことはある	留学をした**だけのことはあって**、英語はうまい。
□ ～てほしいものだ	彼にはぜひ頑張っ**てほしいものだ**。
□ ～てみせる	今度こそ、必ず優勝し**てみせる**。
□ ～ないこともない	相手は強いけど、頑張れば、勝て**ないこともない**。
□ ～にしろ（～にしろ）	親**にしろ**、友だち**にしろ**、みんなが結婚を反対した。
□ ～に沿って	この川**に沿って**真っすぐ行くと、駅です。
□ ～を契機に	これ**を契機に**、健康管理にもっと注意するようにします。

チャレンジ

次の①〜⑤に入る言葉を下のa〜hから一つずつ選びなさい。

サイエンスカフェ(2)

　サイエンスカフェは、20年ほど前にパリで始まった。日本では、2004年に京都で始められたそうだが、これまでの講演会やシンポジウムとは違うスタイルで行われる活動である。
　講演会　①　シンポジウム　①　、講演者と、それを聴く参加者との間にはやや距離がある。しかしサイエンスカフェの場合は、参加者の数が20〜30人と少なく、科学者がテーマ　②　話したあと、お茶やコーヒーを飲みながら、互いに質問をしたり、自分の考えを述べたりする。気楽な雰囲気が最大の特徴だ。
　科学者も、静かな空気の中、大勢を前にするよりは、ずっと話しやすいだろう。しかし、素人にわかりやすく説明するのが難しい質問や、すぐには答え　③　ような質問も出　④　ので、科学者にとっては怖い場かもしれない。
　この新しいタイプの講演会は、科学者と一般市民をつなぐとてもいい機会となっているので、これからも続い　⑤　。

a. かねる	b. だけのことはある	c. に沿って	d. てほしいものである
e. にしろ	f. てみせる	g. を契機に	h. ないこともない

9 〜にしろ（〜にしろ）

1. 父親**にしろ**母親**にしろ**、親には一言言っておいたほうがいいよ。
2. 買う**にしろ**、買わない**にしろ**、一応値段だけは見ておこうよ。

◆「AにしろBにしろ」の形で「Aの場合もBの場合も」という意味。

Used to express the fact that "the result is the same in case A or B". ／用「AにしろBにしろ」的形式，表达"A的时候也，B的时候也"的意思。／「AにしろBにしろ」의 형태로「A의 경우도 B의 경우도」라는 의미.

［ふつう］ ＋ にしろ
　　　　［ふつう］ ＋ にしろ

10 〜に沿って

1. この道を線路**に沿って**真っすぐ行くと、左側に中華料理屋があります。
2. A：人がたくさんいるね。誰か有名人でもいるのかなあ。
   B：通路**に沿って**警官が立っているから、どこかの国の偉い人じゃない？

◆「〈方針や計画〉から離れない／に合うように」という意味。

Used to express the fact that "not to be apart from <a policy or plan>". ／"不偏离某种<方针或者计划>，迎合某种<方针或者计划>"的意思。／「<방침이나 계획>에서 멀어지지 않다／에 맞게」라는 의미.

N：道 ＋ に沿って

11 〜かねる

1. 〈案内文〉お名前やご住所の書かれていないメールでのお問い合わせには、お答えし**かねます**。
2. 客：明日発売のABCバンドのチケットですが、1時間前に並べば、買えそうですか。
   店員：それはわかり**かねます**。人気のチケットですから。

◆意志動詞に接続して、「気持ちの上で〜できない」という意味を表す。

Used with volitional verb and express the feeling that "Emotionally, one can't do 〜". ／接在意志性动词后，表示"在某种心情上，不能做某事"的意思。／의지 동사에 접속하여「기분상〜할 수 없다」라는 의미를 나타낸다.

V：決めます ＋ かねる

12 〜ないこともない

1. フライパンででき**ないこともない**けど、鍋があれば、鍋のほうがいいよ。
2. A：女性が一人で旅行するのは危ないって言われたの？
   B：そう。親の言うこともわから**ないこともない**けど、ちょっと心配しすぎかなって思う。

◆「〜という可能性があるかもしれない」と消極的に肯定する気持ちを表す。

Used to express inactively affirmative feeling that "there might be a possibility of 〜". ／表示消极肯定的心情"可能有某种可能性"。／「〜라는 가능성이 있을지도 모른다」라고 소극적으로 긍정하는 기분을 나타낸다.

V：わからない
A：おいしくない
Na：便利でない
N：忙しくない
＋ こともない

⑬ 〜てほしいものだ

① 〈父親の言葉〉もう高校3年なんだから、サッカーばかりしてないで、少しは勉強し**てほしいものだよ**。

② A：ガソリン、去年からずっと高いね。
B：うん。もう少し安くなっ**てほしいもんだね**。

◆自分以外のものに対して、一定の変化や動きを強く望む気持ちを表わす。

Used to express strong feeling to make other people change or behave properly to some extent. ／对于自己以外的某种东西，强烈希望有一定的变化和运动的心情。／자기 외의 것에 대해 일정한 변화나 움직임을 강하게 바라는 기분을 표현.

| V：入って来ないで | ＋ ほしいものだ |

⑭ 〜だけのことはある

① A：このイタリア製の靴、10万円だって。
B：へー。でも、高い**だけのことはあるね**。形も色もすごくいい。

② 青木さん、カナダに留学していた**だけのことはあって**、英語がうまいね。

◆「〜にふさわしい」と納得、感心する気持ちを表す表現。

Used to admire something or to fully consent that "something is suitable for 〜". ／表达"跟某种事物相称"的理解和佩服的心情。／「〜にふさわしい」라고 납득, 감탄하는 기분을 나타내는 표현.

| ［ふつう］ ＋ だけのことはある |
| 注 [Na：好きな／である |
| 　　 N：大学生（である）] |

⑮ 〜てみせる

① サンバって、どういうふうに踊るんですか。ちょっと踊っ**てみせて**ください。

② 今度の試験には、絶対合格し**てみせる**よ。

◆決意の強さや、実際に動作で示す様子を表す。

Used to express a strong will or to show a factual attitude. ／用某种行动来表示强烈决定的样子。／결의가 강함이나 실제 행동으로 나타내는 모습을 표현.

| V：滑って ＋ みせる |

⑯ 〜を契機に

① 新幹線の駅ができたの**を契機に**いろいろな店ができて、駅周辺がにぎやかになりました。

② もうすぐタバコが値上がりになるので、これ**を契機に**やめることにしました。

◆「ある出来事が、新たな展開を生む様子」を表す。

Used to express the fact that "an incident causes a new situation". ／表示"某些事物产生了新情况、新的变化"。／「어떤 사건이 새로운 전개를 낳는 모습」을 나타낸다.

| V：生まれた／生まれる | ＋の＋を契機に |
| N：事故 | ＋ を契機に |

ドリルA

次のa、bのうち、正しいほうを選びなさい。

1　土曜日は雨が降りそうなんでしょ？　海（a. にしろ　b. しろ）、山（a. にしろ　b. しろ）、天気が悪かったら楽しくないから、映画にしない？

2　マンションは、法律で決められた建築基準（a. 沿って　b. に沿って）建てられなければなりません。

3　製品に問題があるのに返品ができないというのは、納得し（a. かねます　b. ねます）。

4　お金は払え（a. ないこともない　b. ないこと）けど、こんなものを買うのには使いたくない。

5　政治家には、もう少し国民の気持ちをわかっ（a. てほしいものだ　b. てものだ）。

6　合格したの!?　すごい！　3年間大変だったけど、勉強した（a. だけのこと　b. だけのことはあった）ね。

7　「庭」の書き順はちょっと難しいです。私が黒板に書い（a. てみせ　b. みせ）るから、同じように書いてください。

8　勤めていた会社が倒産したのを（a. 契機で　b. 契機に）独立することにしました。

ドリルB

下のa～fの中から最も適当なものを一つ選びなさい。

1　森さんは毎週テニスをしている（　　　）、肌が焼けているね。

2　太陽光発電（　　　）、風力発電（　　　）、自然のエネルギーから電気をつくっているんです。　※（ ）には同じ言葉が入ります。

3　お客様のご希望（　　　）お部屋をお探しいたします。

4　A：クラシックはあんまり聴かない？
　　B：聴かない（　　　）けど、そんなには。日本のポップスが多いかな。

5　「カルロスのけがはチームにとって痛いね。いつもの半分くらいの力だよ」「うん。早くよくなっ（　　　）ね」

| a. こともない | b. に沿って | c. だけのことはあって | d. てほしいものだ |
| e. てみせる | f. にしろ | | |

→ Unit 3の復習「ドリルC」が60ページにあります。

Unit 4-1

□ ～あげく(に)	答えに困った**あげく**、つまらないことを言ってしまった。
□ ～ことなく	希望の条件にぴったりだったので、迷う**ことなく**、この部屋に決めた。
□ ～つつも	早起きしようと思い**つつも**、ついつい寝るのが遅くなる。
□ ～として～ない	希望者を募ったが、誰一人**として**手を挙げる者は**いなかった**。
□ ～とはいうものの	健康に問題はない**とはいうものの**、本当にそうなのか心配です。
□ ～ない限り	値段をもう少し下げ**ないかぎり**、売れないと思う。
□ ～に限って	ここから富士山が見えるそうだけど、今日**に限って**雲が多いね。
□ ～に応えて	彼は、ファンの期待**に応えて**大活躍した。

チャレンジ

次の①～⑤に入る言葉を下のa～hから一つずつ選びなさい。

九九(1)

　小学校の3年生の時、算数の時間で一番嫌いだったのが「九九」の暗記であった。何に役に立つのかもわからないまま、一生懸命に覚えた。

　算数の時間に一人ずつ「いんいちがいち」から始まって「くくはちじゅういち」まで間違える［　①　］言わなくてはいけないのだが、一度止まってしまうとそこでやめさせられ、立たされた［　②　］、次の授業のときにまた「いんいちがいち」からやらなければいけないのだ。立って一人で九九を言うのは、子供ながらに緊張した。

　次の日は自分の番であるという日、そのことを知り［　③　］、準備もせずに友だちと遊んだ。その日［　④　］、クラスの人たちは皆間違えることなく「くくはちじゅういち」まで言うことができた。一人［　⑤　］立たされていない。私も大丈夫だろうと思って立った。そして、「しちはごじゅうろく」の次を言えず、一人立たされることになった。

a. とはいうものの	b. として	c. ない限り	d. つつも
e. ことなく	f. に限って	g. あげく	h. にこたえて

1 ～ことなく

1 試験では、最後まであわてる**ことなく**、落ち着いて解答するようにしてください。

2 今回は非常に危険な作業になりましたが、誰一人、けがをする**ことなく**、終えることができました。

◆「～しないで、そのまま」の意味。

Used to express "don't do ～ and leave it as it is"./"不做什么，就那样"的意思。/「～하지 않고 그대로」의 의미.

V：あきらめる ＋ ことなく

2 ～あげく（に）

1 いろいろ悩んだ**あげく**、大学院に進むことにしました。

2 2時間も待たされた**あげく**、結局、試合は延期になった。

3 彼は困った**あげく**、会社の上司からもお金を借りたそうだよ。

◆「Aあげく B」の形で、「Aの状態が長く続いた後、Bのような結果になった」という意味を表す

Used to express "Result B was obtained after situation A continued for a long time"./用「Aあげく B」的形式，表示"A的状态长期持续之后，产生了B这样的结果"。/「Aあげく B」의 형태로 「A의 상태가 오래 지속된 다음에 B와 같은 결과가 되었다」라는 의미를 나타낸다.

V：とった
N：休講するの ＋ あげく（に）

3 ～つつも

1 もう間に合わないと半分あきらめ**つつも**、必死で走った。

2 勉強しようと思い**つつも**、彼女のことが気になって、できない。

3 足の状態は少しずつよくなり**つつも**、走れるようになるには、あと半年はかかる。

◆「～ているが、それでも」という逆接の意味を表す。

Used to express " it is ～, but still" and show paradoxical meaning./表示逆接"正在做某事，虽然这样还"。/「～고 있지만 그래도」라는 역접의 의미를 나타낸다.

V：思います ＋ つつも

4 ～に限って

1 A：山田さん、来ないね。日にち間違えたんじゃない？
　 B：いや、彼女**に限って**、そういうことはないと思う。

2 困ったなあ。急いでいるとき**に限って**、こういう事故が起きるんだから。

◆「～の場合だけは」という意味を表す。

Used to express "only in ～ situation"./表示"只有某事的场合"的意思。/「～의 경우만큼은」이라는 의미를 나타낸다.

N：今日 ＋ にかぎって

5 ～として～ない

1 事故から10年になりますが、一日**として**思い出さ**ない**日はありません。

2 この謎を解こうと多くの研究者が試みたが、誰一人**として**成功してい**ない**。

◆最少の「1」の例を示して、全否定の意味を強調する。

Show the minimum "1" example and emphasize complete denial./至少举出"1"个例子，强调全面否定。/최소「1」의 예를 들어 전부 부정하는 의미를 강조한다.

「助数詞」 ＋ として～ない

6 ～とはいうものの

1. 3月**とはいうものの**、まだまだ寒い日が続きますね。
2. 工場の火災（かさい）は、大きな事故にならなかった**とはいうものの**、周辺住民に大変な不安を与えた。
3. 勝ち負けは関係ない**とはいうものの**、負ければ、やっぱり悔しい。

◆「AとはいうもののB」の形で、「Aではあるがやはりbだ」という意味を表す。
「AとはいうもののB」is used to express "it is A but all in all it is B"./用「AとはいうもののB」的形式，表示"虽然A是这样，但还是B"的意思。／「AとはいうもののB」의 형태로「A이지만 역시 B다」라는 의미를 나타낸다.

[ふつう] ＋ とはいうものの
※[N：春]

7 ～ない限り（かぎり）

1. 今の会社をやめ**ない限り**、こういう生活は変わらないと思ったんです。
2. がんはかなり進行していて、手術をし**ない限り**、助からないと言われたそうです。

◆「Aない限りB」の形で、「Aなければ、Bは実現しない」という意味を表す。
「Aない限りB」is used to express "if not A, B doesn't come true"./用「Aない限りB」的形式，表达"没有A,就不能实现B"的意思。／「Aない限りB」의 형태로「A가 아니면 B는 실현되지 않는다」라는 의미를 나타낸다.

V：言わない ＋ かぎり

8 ～に応えて（こた）

1. 大学は、学生たちの要望（ようぼう）**に応えて**、図書館の利用時間を延ばした。
2. 彼らの呼びかけ**に応えて**、町全体で緑を増やす活動を始めることになりました。

◆「Aに応えて」の形で、「Aに沿うように」という意味を表す。
「Aに応えて」is used to express "fit in A"./用「Aに応えて」的形式，表示"根据A的样子"的意思。／「Aに応えて」의 형태로「A에 응하여」라는 의미를 나타낸다.

N：期待 ＋ にこたえて

ドリル A

次のa、bのうち、正しいほうを選びなさい。

1 子供たちは、将来の夢について、恥ずかしがる（a. ことなく　b. なく）発表し合った。
2 最近、会社が引っ越したんだけど、家から遠くなった（a. あげく　b. あく）、駅からもだいぶ歩くようになって、前より不便になった。
3 自分にはこの仕事は向いてないと思い（a. つつも　b. つも）、生活のことを考えると、なかなかやめられない。
4 うちの娘（a. にかぎって　b. かぎって）、人をいじめるようなことはしません。
5 あの人は、一度（a. して　b. として）、笑顔を見せたことがない。
6 よくあること（a. とはいうものの　b. というもの）、まさか、こんな身近で起こるとは思わなかった。
7 この人数では、残業し（a. にかぎって　b. ないかぎり）仕事は終わらない。
8 彼女も、みんなのリクエスト（a. にこたえて　b. にむけて）、一曲歌った。

ドリル B

下のa～fの中から最も適当なものを一つ選びなさい。

1 彼は、遅刻をくり返した（　　　）、店長に謝らなかったので、クビになった。
2 A：韓国では、何人かで食事をすると、年上の人が払うのが普通なんだって。
　 B：習慣（　　　）、いつも払うのは大変そうだなあ。
3 先生は、口では厳しいことをいい（　　　）、ちゃんと評価してくれていた。
4 熱が十分に下がらない（　　　）、外出したりしないでください。
5 「パーティーは16日だって」「16日？　残念。その日（　　　）予定が入ってた」

| a. あげく | b. かぎり | c. に限って | d. つつも |
| e. として | f. とはいうものの | | |

Unit 4-2

- □ ～得る（う/え）　　こういう事故は日本でも起こり**得る**と思います。
- □ ～きれる　　こんなにたくさん、一人じゃ食べ**きれない**。
- □ ～ことだし　　お金もない**ことだし**、今日は寄り道しないで真っすぐ帰るよ。
- □ ～だけに　　選挙制度（せんきょせいど）は、国の大きな問題**だけに**、そう簡単には変えられない。
- □ ～とか　　箱根（はこね）**とか**、近くの温泉に行くのはどう？
- □ ～につき　　〈案内文〉現在工事中**につき**、通行ができません。
- □ ～には及ばない（およ）　　スタッフがいますから、心配**には及びません**。ご安心ください。
- □ ～に基づいて（もと）　　この建設計画は、どういう法律（ほうりつ）**に基づいて**行われているんですか。

チャレンジ

次の①〜⑤に入る言葉を下のa〜hから一つずつ選びなさい。

九九（2）

　かつて奈良（なら）の平城宮（へいじょうきゅう）があった場所で、「九九」が書かれた木の細い板が見つかった。その「九九」は中国式で書かれていることから、奈良時代には中国式の教科書が広く使われていたことが考え　①　そうだ。今後また「九九」が書かれた木の板が見つかれば、そこに記された内容　②　当時の教科書の内容が分析（ぶんせき）され、さらに詳しいことがわかるだろう。

　専門家はこの木の細い板について、平城宮が大勢（おおぜい）の兵隊（へいたい）を管理（かんり）する役所　③　、高い計算能力（のうりょく）が求められたのではないか、と述べている。

　「九九」は、日本では一けただが、インドでは19×19まで暗記（あんき）している　④　。数学に強いインド人の　⑤　、二けたの「九九」の暗記など簡単なのかもしれないが、私は一けたの「九九」の日本に生まれてよかったと思っている。

a. だけに	b. とか	c. うる	d. にもとづいて
e. につき	f. きれる	g. ことだし	h. にはおよばない

9 ～得る

1 A：私は、自分の性格がいやなんですが、性格を変えることはできますか。
　B：人の性格は変わり**得る**ものです。でも、それには、変えたいという強い意志が必要です。

2 A：日本が優勝する可能性はあるんでしょうか。
　B：ええ、あり**得ます**よ／いや、それはあり**得ません**。

◆「(状況から) 起こる可能性があること」を表す。

Used to express "(judging from the situation) something possibly happens". ／表示"从某种状况发生的可能性"。／(상황에서) 일어날 가능성이 있다」를 나타낸다.

V：変わります　＋　うる

10 ～に基づいて

1 公務員の給与は、法律**に基づいて**決められている。

2 今回の社内旅行の行き先は、社内アンケートの結果**に基づいて**決めました。

◆「～を基本・根拠・基礎にして」という意味を表す。

Used to express "based on・on the premise of・on the basis of ～". ／表示"以～为基本・根拠・基礎"的意思。／「～를 기본・근거・기초로 해」라는 의미를 나타냄.

N：契約　＋　にもとづいて

11 ～だけに

1 A：今日の演奏会、よかったね。
　B：うん。こういうホールでしばらく聴かなかった**だけに**、感激した。

2 A：山田さん、足の骨を折って、しばらく車いすで出勤だって。
　B：そうなんだ。彼、電車やバスの乗り換えが多い**だけに**大変だろうね。

◆「AだけにB」の形で、「Aである分、余計にB」と、前提や背景であるAを強調する。

「AだけにB」 is used to express "something is A, so it is too far B", and emphasis A which shows a condition or background. ／用「AだけにB」的形式，表示"因为A的部分，B更～"，强调作为前提和背景的A。／「AだけにB」의 형태로「A한 만큼 더 B」로 선제나 배경인 A를 강조한다.

［ふつう］　＋　だけに
※［Na：便利な／便利である
　N：教師（である）］

12 ～とか

1 A：田中さんは今日休み？
　B：来てないの？　そう言えば、昨日、体がだるい**とか**言ってた。

2 〈手紙〉お元気ですか。こちらは皆元気です。原さんに聞きましたが、幸子さんは来月京都に来られる**とか**。ぜひ、こちらにもお立ち寄りください。

◆「～そうだが／～と聞いたが」の意味で不確かな伝聞情報を示したり、適当に例を挙げたりする表現。

Used to express "it sounds like ～ / I heard that ～", and show uncertain hearsay information or randomly give some examples. ／ "用听说～"的意思，表示不确定的传言，或者是适当地举例表现。／「～그렇다고 하는데 / ～라고 들었는데」의 의미로 불확실한 전문정보를 나타내거나 적당히 예를 드는 표현.

［ふつう］　＋　とか
※［Na：にぎやか　N：休み］

⑬ ～ことだし

1　〈父が息子に〉今日はお母さんもマキもいない**ことだし**、夕飯は二人で外に食べに行こうか。

2　A：どうしよう、レポートが間に合わない。体調もよくない**ことだし**、明日、バイトを休ませてもらおうかなあ。
　　B：そうしたら。

◆「～ということでもあるので」という意味で、判断を促すある状況や背景を示す。
Used to express "because it is ～", and show the situation or background that requires judgment.／"也发生～的事情"的意思，表示催促判断某种状况或背景。／「～라는 것도 있어서」라는 의미로 판단을 재촉하는 상황이나 배경을 나타낸다.

[ふつう] ＋ ことだし
㊟[Na：にぎやかな/にぎやかである
　　N：欠席の/欠席である]

⑭ ～につき

1　〈入口の貼り紙〉
　　回転ドア故障**につき**、左側の入り口からお入りください。

2　〈案内文〉この商品は、現在、製造中止**につき**、販売いたしておりません。

◆理由を示す表現。書面や改まった場面で使われる。
Used to show the reason. Used in writing or a formal situation.／表示理由。用于书面或正式场合。／이유를 나타내는 표현. 서면이나 격식을 차린 장면에서 사용된다.

N：故障中 ＋ につき

⑮ ～には及ばない

1　A：先日お借りした傘を今日お返しに参りたいのですが、ご都合はいかがでしょうか。
　　B：それ**には及びません**よ。また、いらっしゃるときにお持ちください。

2　A：手術をしたほうがいいんですか。
　　B：いえいえ、それ**には及びません**よ。お薬で治りますから。

◆相手に「そこまでしなくても大丈夫だ」と伝える表現。
Used to tell someone that "you don't have to do that much".／向对方转达"不用做到那一步都可以"的表达方式。／상대에게 「그렇게까지 않아도 괜찮다」라고 전하는 표현.

V：買う
N：心配　＋ にはおよばない

⑯ ～きれる

1　A：あのー、『ABC』の５月号はありますか。
　　B：すみません、売り**きれて**しまったんです。明日、また入ります。

2　書くことがたくさんあるから、これ一枚では書き**きれない**。

◆「ある行為が完全になされたこと」を表す。
Used to express the fact that "something is perfectly done".／表示"某种行为被完全做完"。／「어떤 행위가 완전히 행해진 것」을 나타낸다.

V：読みます ＋ きれる

ドリル A

次のa、bのうち、正しいほうを選びなさい。

1　一人がなし（a. う　b. うる）ことは小さくても、皆がすれば大きな力になる。

2　政府の方針（a. にもとづいて　b. でもとづいて）、高齢者向けの新しい医療サービスが始まった。

3　この大学の合格は難しいと言われていた（a. だけで　b. だけに）、合格できて、とてもうれしいです。

4　「今工事しているところには何ができるんだろう？」「また、マンション（a. しか　b. とか）じゃない？」

5　あ、もう7時だ。お父さんも帰って来た（a. ことだし　b. こと）、夕飯にしましょう。

6　〈看板〉この先、危険（a. つき　b. につき）立入禁止

7　がっかりするには（a. およびません　b. わたりません）。まだまだチャンスはありますから。

8　ページ数が多いから、1週間じゃ、全部読み（a. きり　b. きれ）ない。

ドリル B

下のa～fの中から最も適当なものを一つ選びなさい。

1　あそこはホテルから近いから、わざわざタクシーを呼ぶ（　　　）よ。

2　期末試験はインフルエンザで延期（　　　）聞いたけど、本当？

3　〈貼り紙〉冷房中（　　　）、ドアは閉めてください。

4　その問題の解決のために今考え（　　　）のは、この方法だけです。

5　市の計画（　　　）、住宅開発が進められている。

a. とか	b. うる	c. につき	d. ことだし
e. にもとづいて		f. にはおよばない	

→ Unit 4の復習「ドリルC」が61ページにあります。

ドリルC （Unit 3の復習）

次のa、bのうち、正しいほうを選びなさい。

1　よし、絶対この大学に合格し（a. てみせる　b. ては）ぞ。

2　ウイスキー（a. にしろ　b. あまり）ワイン（a. てこそ　b. にしろ）、日本で作ったものはやっぱりおいしくないね。

3　二人の話を聞いているとどちらが正しいとは決め（a. 得ない　b. がたい）。

4　入社試験に落ちたの（a. こととなると　b. を契機に）英会話の勉強を始めた。

5　選挙の演説で言ったことを実行し（a. てほしいもの　b. というもの）だ。

6　雨のため道路は渋滞し（a. がたい　b. つつある）そうだ。

7　このような困難な仕事は、われわれの力だけでは処理し（a. 得ない　b. てみせる）。

8　仕事の話のときは静かだけれど、アニメの（a. こととなると　b. ないこともない）、急に元気になるんだ。

9　A：先週までは全然雨が降らなかったけど、今週は毎日雨だね。
　　B：しょうがないって。それが梅雨（a. というものだ　b. だけのことはある）よ。

10　会社経営には基本方針が必要であり、その方針（a. に沿って　b. にしろ）行われるべきである。

11　難しい問題を人の力を借りずに、自分の力で解決できるようになっ（a. てみせる　b. てこそ）、大人だと言える。

12　田中さんは、彼から指輪をもらって、うれしさの（a. つつある　b. あまり）泣きだしてしまった。

13　彼は、新しい手品を覚え（a. てみせる　b. ては）人を集めて見せているので、上達がとても早い。

14　ここのところ、毎月、昨年より売上が落ちているので、ボーナスを出すことは約束し（a. かねる　b. てみせる）。

15　タムさんは野菜についての知識が豊富である。さすが、一年間、農業の研修を受けた（a. だけのことはある　b. ことはある）。

16　彼が最近、遅刻をするようになったのは、彼の今の家庭状況に関係（a. てほしいものだ　b. ないこともない）。

ドリルC （Unit 4の復習）

次のa、bのうち、正しいほうを選びなさい。

1 荷物は軽いので、エレベーターに乗る（a. にはおよびません　b. というものです）。

2 この学校では、生徒の学力（a. にもとづいて　b. にかぎって）クラスを作っている。

3 結婚の時に揃えた家具も古くなった（a. だけに　b. ことだし）、この際、全部新しいものに買い替えましょう。

4 幼稚園（a. とはいうものの　b. にかぎって）、算数や漢字の勉強もするそうだ。

5 あの人（a. にかぎって　b. にもとづいて）、離婚するなんてことはありません。

6 こんなにたくさんの本、1週間で読み（a. つつも　b. きれる）かなあ。

7 このロボットを使えば、一日に1000台のテレビが生産し（a. うる　b. にはおよばない）。

8 両替の方は、両替機故障中（a. だけに　b. につき）、窓口へお越しください。

9 この病気は、症状がすぐに出ない（a. とはいうものの　b. だけに）怖い。

10 今回のパーティーでは、参加者全員がプレゼントをもらえる（a. とか　b. だけに）いう話です。

11 部屋の中を整理し（a. つつも　b. ないかぎり）、こういう大型テレビを置くことはできないね。

12 消費者の皆様のご希望（a. につき　b. にこたえて）この商品は送料を無料にいたします。

13 パーティーに来て行けるようなすてきな洋服なんか、一枚（a. として　b. とか）持ってない。

14 彼は工場の機械の操作を間違えた（a. あげく　b. とか）、その機械を壊してしまった。

15 今度のことについて、隠す（a. ことなく　b. ことだし）全部話してください。

16 友だちとおしゃべりをし（a. つつも　b. だけに）、頭の中ではずっと試験のことを考えていた。

実戦練習① Unit 1〜4

問題1 次の文の（　　）に入れるのに最もよいものを、1・2・3・4から一つ選びなさい。

1. 信号の色（　　）赤、青、黄色だが、青の場合、実際は緑である
   1. とか　2. として　3. といった　4. といえば

2. 仕事が忙しい（　　）、友だちが引っ越しの手伝いに来てくれた。
   1. に先だって　2. にもかかわらず　3. につき　4. にこたえて

3. このドラマは、一人の男性（　　）、妻と恋人が争うという内容です。
   1. をめぐって　2. をぬきにしては　3. をもとに　4. を契機に

4. この車、値段（　　）、色や形はとてもすばらしい。
   1. はというと　2. はもとより　3. はもちろん　4. はさておき

5. 田舎（　　）家の近くにはスーパーやコンビニエンスストアもあり、都会とあまり変わらない。
   1. というものは　2. とはいうものの　3. とはかぎらない　4. とみえて

6. 今回のマンションの修理では、皆様の希望（　　）、壁の色を白に変えました。
   1. にしては　2. に限って　3. に沿って　4. にしろ

7. 今度の旅行について、いろいろプランをたて（　　）修正しているうちに、最初の予算より約10万円増えてしまった。
   1. てみせる　2. ては　3. てこそ　4. てくる

8. デザイン（　　）、長く履いていても疲れないという点が気に入った。
   1. はともかく　2. はというと　3. に限って　4. にもとづいて

9. 漁師（　　）畑で使われている農薬が海に流れて来ることは、とても困ったことなのである。
   1. からすると　2. かいがあって　3. かぎり　4. かねる

10 午前8時20分ごろ、北海道で大きな地震がありました。詳しいことがわかり（　　　　）、お伝えいたします。

1 次第　　2 以上　　3 一方　　4 折に

11 台風が近づいている（　　　　）、今日は早く帰ろう。

1 こととなると　　2 ことなく　　3 ことだし　　4 がたい

問題2 次の文の_____にはどんな言葉を入れたらよいか。1・2・3・4から最も適当なものを一つ選びなさい。

1 片道2時間では、通勤で疲れてしまう。会社まで10分で行けるようなところに_____。

1 住んでみないではいられない　　2 住んでみるにはおよばない
3 住んでみただけだ　　　　　　　4 住んでみたいものだ

2 壊れちゃったのか……。これは結婚記念にもらった大切な時計だから、なんとか_____なあ。

1 なおらないものか　　　2 なおらなければならない
3 なおさないつもりだ　　4 なおさなくてもいい

3 今回のチケット代は2万円もしたけど、今までに聴いたことがないほどの素晴らしい演奏で、高いお金を_____。

1 払っただけましだった　　　2 払うだけだった
3 払うだけではなかった　　　4 払っただけのことはあった

4 地図で見ると5キロぐらいだし、これぐらいの距離なら歩いて_____。

1 行けないことする　　2 行けないこともない
3 行かないでおく　　　4 行かないではいられない

5 昨日のパーティーで飲みすぎたようだ。明日は試験だけど、頭が痛くて_____。

1 勉強するところだ　　2 勉強ということだ
3 勉強どおりだ　　　　4 勉強どころじゃない

6 いつも厳しいことばかり言ってうるさいと思うかもしれないけど、それも、親の愛情_____。

1 ということだ　　2 というものだ　　3 とはかぎらない　　4 とのことだ

7 息子が医学部に入れてよかった。でも、これからが大事だ。しっかり勉強して、立派な医者に＿＿＿＿＿＿。
1　してくださる　　　2　なってしかたがない
3　してもいい　　　　4　なってほしいものだ

8 落ちていた財布を拾って届けるのは当たり前のことです。わざわざ私の家までお礼にいらっしゃる＿＿＿＿＿＿。
1　にほかなりません　　2　にはおよびません
3　にもとづいています　4　にちがいありません

問題3　次の文の＿★＿に入る最もよいものを1・2・3・4から一つ選びなさい。

1 2月に ＿＿＿ ＿＿＿ ★ ＿＿＿ 人が急に増えつつあります。
1　に　　2　入って　　3　かかった　　4　インフルエンザ

2 このあたりで一番大きいあの家は ＿＿＿ ＿＿＿ ★ ＿＿＿ とは違う。
1　からして　　2　周りの　　3　門　　4　家

3 今朝は電車の中で ＿＿＿ ＿＿＿ ★ 、＿＿＿ 携帯を落としてしまい、大変な一日だった。
1　とられた　　2　昼は　　3　あげく　　4　財布を

4 父はパイロットの ＿＿＿ ＿＿＿ ★ ＿＿＿ 言って絶対に乗らない。
1　と　　2　怖い　　3　ヘリコプターは　　4　くせに

5 親が言っていることは正しいと ＿＿＿ ＿＿＿ ★ ＿＿＿ ことができない。
1　聞く　　2　つつも　　3　素直に　　4　わかり

6 その記事に ＿＿＿ ＿＿＿ ★ ＿＿＿ と言いきれるだろうか。
1　すべて　　2　書かれていた　　3　間違いだ　　4　内容が

7 こんなにたくさんの宿題、＿＿＿ ＿＿＿ ★ ＿＿＿ 明日までには終わらない。
1　でも　　2　しない　　3　かぎり　　4　徹夜

問題4 次の文章を読んで 1 から 5 の中に入る最もよいものを1・2・3・4から一つ選びなさい。

　私は飛行機に乗るのが怖かった。そのため、一生ヨーロッパに行くことはできっこないと思ってあきらめていた。ところが、主人が仕事でイタリアに行かなくてはならなくなり、思い切って私も行くことにした。一生行けないとあきらめていただけに、イタリアから無事帰って来た時は、また行きたいという 1 。そして、1年たつかたたないかのうちにまたイギリスへ行き、そして、次はフランス。

　 2 このように海外旅行をするようになると、大変なのが写真の整理である。海外旅行の場合は、二度と同じ所へ来ることはあるまいという気持ち 3 はたらくせいか、そのときは、感激してどの景色もみな撮ら 4 。しかし、日本に帰ってくると熱が冷めてしまい、写真の整理をするのが面倒になり、結局、撮ったきりになってしまうのである。忘れ 5 私はフィルムをカメラに入れたまま、次の旅行のときに気がつく。

　この経験をくり返しているうちに、私は旅行中に写真を撮るのがいやになってきた。そして、とうとう写真を撮るのをやめた。そうすると、写真を撮らずにいる時間、真剣に景色を見ることができるばかりか、いろいろな発見ができることに気がついた。

　それ以来、私は海外旅行に行くときは、カメラは持たず、携帯電話のカメラにおさめることにしている。そのほうが荷物も軽いし、疲れない。

1　1　気持ちはなくなった　　　　　2　気持ちが強くなった
　　3　気持ちにはならなくなった　　4　気持ちは変わった

2　1　なお　　2　さて　　3　しかも　　4　すなわち

3　1　や　　2　が　　3　は　　4　に

4　1　ずにはいられなくなる　　　　　2　ずにはいられなくなるかもしれない
　　3　ずにはいられなくなるだろう　　4　ずにはいられなくなるでしょうか

5　1　さ　　2　げ　　3　きり　　4　っぽい

Unit 5-1

□ **あまりの〜に**	**あまりの**暑さ**に**、すぐ上着を脱ぎました。
□ **〜かと思うと**	赤ちゃんは、泣いた**かと思うと**すぐに笑いはじめたり、表情の変化が激しい。
□ **〜かのように**	彼はまるで、けんかでもした**かのように**、目の周りが腫れていた。
□ **〜における**	〈試験問題〉現在の日本**における**教育上の問題点について、意見を述べなさい。
□ **〜といった**	彼は、ジャズやロック**といった**ジャンルを越えて、演奏活動をしている。
□ **〜のことだから**	まじめな彼女**のことだから**、職場でもみんなに信頼されているでしょう。
□ **〜のみならず**	この映画は、日本**のみならず**、海外でも話題になった。
□ **〜もかまわず**	二人は、みんなが見ているの**もかまわず**、キスをした。

チャレンジ

次の①〜⑤に入る言葉を下のa〜gから一つずつ選びなさい。

ナルコレプシー(1)

「ナルコレプシー」という病気を知っているだろうか。ナルコレプシーとは、1000人か2000人に1人がかかるといわれる、重い睡眠障害である。この病気にかかった患者は、二晩徹夜した　①　、いつも強い眠気を感じているという。あまりの眠さに、患者は話している最中や食事中、仕事中など、時間も場所　②　突然眠ってしまう。今、元気に動いていた　③　、急に倒れてしまうこともある。

最近、このナルコレプシーに、オレキシンと呼ばれる物質が関係していることがわかった。オレキシンはこれまで、私たちの食欲を調整する物質として知られていた。しかし、これをナルコレプシーの症状のある犬に与えると、症状が無くなった。つまり、オレキシンは食欲　④　、睡眠にも影響を与えることがわかったわけだが、食欲と睡眠が関係するのは、私たちの日常生活でも感じられる。誰でも、お腹が空くと眠れず、お腹がいっぱいになると眠くなる　⑤　経験はしたことがあるだろう。

a. のみならず	b. かと思うと	c. かのように	d. もかまわず
e. における	f. といった	g. あまりの	

1 〜かのように

1. 〈広告〉まるで本物の電車を運転している**かのように**、リアルな感覚を楽しめるゲームです。
2. ウェディングドレスの友人は、まるで光に包まれている**かのように**輝いて見えた。

◆「(実際はそうではないが)まるで〜のように」という意味。

Used to express the fact that "(in reality, it is not, but) as if ~". ／"(实际不是这样)就像〜一样"的意思。／「(실제는 그렇지 않지만)마치~처럼」이라는 의미.

[ふつう] ＋ かのように
㊟ [Na：元気(である)
　　N：兄弟(である)]

2 〜もかまわず

1. 最近、電車の中で、人目**もかまわず**化粧をしている若い女性をよく見かける。
2. その男性は、周りが止めるの**もかまわず**火の中に飛び込んで、老人を助けた。

◆「普通は問題があるが、全く気にしないで」の意味。

Used to express "basically there is a problem, but one does not care about it". ／"一般来说没有什么问题，一点儿都不用在乎"的意思。／「보통은 문제가 있지만, 전혀 신경 쓰지 않고」라는 의미.

[ふつう] ＋の＋もかまわず
㊟ [Na：不便な　N：雨な]
　　N：人目 ＋ もかまわず

3 〜かと思うと

1. この時期は、晴れていた**かと思うと**、急に降り出すことがあるから、傘を持っていったら？
2. 日曜なのに、お父さん、忙しそうだね。さっき戻った**かと思うと**、また出かけて行った。

◆短い間に、ある事柄が次の事柄に移っていることを表す。

Used to express the fact that a matter is changing to a next matter in a short time. ／表示在短时间内，某事移向下一件事物的意思。／짧은 시간에 어떤 사항이 다음 사항으로 이동된 것을 표현.

V：帰った ＋ かと思うと

4 〜のみならず

1. 〈広告〉今や、女性**のみならず**男性も、肌のお手入れが必要です。
2. A：社長、B社も来月、新商品を出すそうです。
　B：そうか。A社**のみならず**、B社もか……。うちも頑張らないとな。

◆「〜だけでなく」という意味の書き言葉的な表現。

Used to express "not only ~" in writing. ／"不仅仅是"的书面语表达方式。／「〜만이 아니라」라는 의미의 문어체적인 표현.

V、A [ふつう]
Na：簡単(である) ＋ のみならず
N：女性(である)

5 〜といった

1. 私はこれまで、主にタイや中国、マレーシア**といった**アジアの国を回って、写真を撮ってきました。
2. 犬や猫の飼えないマンションでは、ウサギやハムスター**といった**小動物がよく飼われている。

◆「Aといった B」の形で、Bの代表的な例であるAを示す。

「A といった B」 is used to express A which is a typical example of B. ／用「A といった B」的形式，表示B的代表性例子A。／「A といった B」의 형태로 B의 대표성인 예인 A를 나타낸다.

N：マレーシア ＋ といった

Unit 5-1

6 あまりの〜に

1. あの社長、事故について全然反省してなくて、**あまりの責任感のなさに**あきれたよ。
2. ふじ自動車から出た新しい電気自動車は、**あまりの人気に**生産が追いつかないようだ。

◆「あまりのNに」の形で、Nの程度が強く、普通ではない結果になることを表す表現。

「あまりのNに」is used to express the unusual result caused by N which goes beyond a certain level. ／用「あまりのNに」的形式，表示N的程度比较强，导致非一般的结果。／「あまりのNに」의 형태로 N의 정도가 강해 보통으로 볼 수 없는 결과가 된 것을 표현．

N：あまりの ＋ 人気 ＋ に

7 〜における

1. 現在、トンネル内**における**衝突事故の影響で、5キロの渋滞になっています。
2. 2010年度**における**中国のGDPは、前年に比べて10.3％の増加となり、世界第2位となることが確実となった。

◆「AにおけるB」の形で、ある事柄（B）が成立する場所や時など（A）を表す。書き言葉的。

「AにおけるB」is used to express a place or time (A) that something (B) can be realized. Used in writing. ／用「AにおけるB」的形式，表示某事B成立时的时间或者场所(A)。／「AにおけるB」의 형태로 어떤 (B) 가 성립하는 장소나 시간 등 (A) 을 나타낸다．문어체적임．

N：日本 ＋ における

8 〜のことだから

1. 「青木さんがまだ来てないです」「まあ、彼女**のことだから**、心配ないよ」
2. 「それ、原さんに訳してもらったら？」「そうだね。英語が得意な彼女**のことだから**、1時間もあれば、できるだろうね」

◆話題の人物などから当然に推測・予想されることを表す表現。

Used to express natural presumption or expectation of the talked-about person. ／从话题的人物当中表达当然的推测和预想。／화제의 인물 등으로 봐서 당연히 추측・예상됨을 표현．

N：彼女 ＋ のことだから

ドリル A

次のa、bのうち、正しいほうを選びなさい。

1 彼女はいつも、ファッション雑誌から抜け出した（a. かのように　b. ことのように）おしゃれな格好をしている。

2 子どもたちは、服が汚れるの（a. にかまわず　b. もかまわず）、泥遊びに夢中になっていた。

3 彼はいすに座った（a. かと思うと　b. らと思うと）、すぐに居眠りを始めた。

4 彼女はスタイル（a. だけならず　b. のみならず）、歩き方もきれいだ。

5 富士見台、富士見町（a. といった　b. とした）地名のところは、昔、富士山が見えた場所である。

6 今年の夏は、(a. あまりの　b. あまりに)暑さに、エアコンをつける日が多くなってしまった。

7 日本国内（a. でおける　b. における）自動車の生産台数は、前年並みの予想です。

8 パソコンに強い彼の（a. 上で　b. ことだから）、もっといい方法を知っているに違いない。

ドリル B

下のa～fの中から最も適当なものを一つ選びなさい。

1 彼はバスの中で、皆が寝ている（　　　）大きな声で歌いだした。

2 これはもともと原さんのアイデアなのに、田中さんはまるで、自分が考えた（　　　）部長に話してたよ。

3 「彼女、最近、ちょっと変だね」「うん。さっきまで笑っていた（　　　）、急に黙り込んだりして……」

4 彼は、ネット社会（　　　）言葉の問題について研究している。

5 A：ほんとに彼と別れるの？

B：うん。今まで我慢してきたけど、（　　　）勝手さに、今度こそ、我慢できなくなって。

| a. あまりの | b. のみならず | c. のもかまわず | d. かと思うと |
| e. かのように | f. における | | |

Unit 5-2

- □ **～上で**　返事は来週の月曜で結構ですので、よく考えた**上で**、どうするか決めてください。

- □ **～ということは**　3割引き**ということは**、2万円なら6千円安くなるんですね。

- □ **～ないことには**　ここを片づけ**ないことには**、何も置けない。

- □ **～にこしたことはない**
　　　　苦労しないですむなら、それ**にこしたことはない**。

- □ **～に相違ない**　発見された資料は、当時のもの**に相違ない**と発表された。

- □ **～(よ)うではないか**　みんなで力を合わせて、この島の自然を守ってい**こうではないか**。

- □ **～(よ)うものなら**　店長は厳しいから、遅刻なんかし**ようものなら**、すごく怒られるよ。

- □ **～まい**　何があっても、言い訳だけはする**まい**と思っています。

チャレンジ

次の①～⑤に入る言葉を下のa～hから一つずつ選びなさい。

ナルコレプシー(2)

　では、なぜ私たちの体はこのような反応をするのだろうか。それは、人間に限らず、すべての動物の生き方から考えなくてはならないだろう。本来、動物は、自分のすむ場所の外に出て行か　①　、食べ物を得ることはできない。しかし、外に出　②　、周りは危険にあふれている。とても眠さなど感じてはいられない。反対に、お腹がいっぱいの時には、食べた物を消化するためにも、安全な場所でゆっくり眠るのが一番だ。私たちの体は、本来動物が持っている、このような働きを忘れてはいないようである。

　オレキシンは、ナルコレプシーを治療する　③　、大変重要な物質であることがわかった。ナルコレプシーに効果がある　④　、不眠に対してもオレキシンは何らかの働きをするはずである。将来、不眠を治す新しい方法を考える際に、重要な役割を果たす　⑤　。

| a. に相違ない | b. 上で | c. にこしたことはない | d. ようではないか |
| e. まい | f. ということは | g. ないことには | h. ようものなら |

9 ～ないことには

1. あの二人が来**ないことには**、パーティーを始められない。
2. A：どう？　直せそう？
   B：うーん、やってみ**ないことには**、わからないなあ。

◆「A ないことには B」の形で、「A が成立しなければ B が成立しないこと」を表す表現。

「A ないことには B」is used to express "if A is not realized, then also B doesn't come true". ／用「A ないことには B」的形式，表示"如果 A 不成立，B 也就不成立"。／「A ないことには B」의 형태로「A가 성립하지 않으면 B가 성립되지 않는 것」을 나타내는 표현.

V：飲まない　＋　ことには

10 ～（よ）うものなら

1. うちの犬は、外で少しでも音がし**ようものなら**、すごい勢いで吠える。
2. A：レポート、大変だよね。思わず、ネットから誰かの論文を借りたくなる。
   B：気持ちはわかる。でも、そんなことをし**ようものなら**、絶対、単位をもらえないよ。

◆「起こってはいけないことと、起こった場合に予想される好ましくない事態」を表す。

Used to express "something that shouldn't be happened and the unfavorable situation when it happens". ／表示"不能发生某事，发生某事的时候，又出现了预想到的不好的事态"。／「일어나서는 안 되는 것과 일어난 후에 예상되는 좋지 않은 사태」를 표현.

V：意向形　言おう　＋　ものなら

11 ～上で

1. お子さんもいますし、本当に離婚するかどうか、お二人でもう一度よく話し合った**上で**決めてはいかがですか。
2. 仕事をする**上で**大切なのは、周りとのコミュニケーションです。

◆「A たうえで B」の形で、「まず A をした後、B をする」という意味を表す。（例文 1）

「A たうえで B」is used to express "first, do A and then do B". ／用「A たうえで B」的形式，表示"首先 A 之后，才做 B"。／「A たうえで B」의 형태로 □ 우선 A한 다음 B를 한다 □는 의미를 나타낸다.

V：考えた　｝　＋　上で
N：面接の

◆「A るうえで B」の形で、「A をするには B が必要、大切である」という意味を表す。（例文 2）

Used to express the fact that "B is important or necessary in order for A to happen." ／用「A るうえで B」的形式，表示"做 A 的时候，B 是有必要的，很重要的"。／「A うえで B」의 형태로「A를 하는 데에는 B가 필요, 중요하다」라는 의미를 나타낸다.

V：する　　　　　｝　＋　上で
N：仕事する　＋の

12 ～ということは

1. 生き物を飼う**ということは**、楽しいことだけでなく、つらいことや面倒なことも含め、すべて引き受けるということです。
2. A：ごめんなさい。明日、急に行けなくなっちゃって……。
   B：えっ、**ということは**、明日はぼく一人で準備をするの？まあ、いいけど。

◆ある事柄を取り上げ、それについて思うことや感じることを述べる表現。

Used to express the feeling or impression when something is taken up as a topic. ／提出某件事情，叙述关于此事所想到的和所感受到的。／어떤 사항을 들어 그것에 대해 생각하는 것이나 느끼는 것을 나타내는 표현.

［ふつう］　＋　ということは

13 ～に相違(そうい)ない

1. 〈裁判(さいばん)〉
   A：ここに書かれていることは事実(じじつ)ですか。
   B：はい、事実**に相違ありません**。
2. 調べた結果、これはその時代にかかれた絵**に相違ない**そうです。

◆「～に違いない」という意味の書き言葉的表現。

Used to express "must be ～" in writing. ／"一定是～"的书面语的表达方式。／「～임이 틀림없다」라는 의미의 문어체적인 표현.

[ふつう] ＋ に相違ない
※[Na:便利(である)　N:事実(である)]

14 ～(よ)うではないか

1. せっかくここまで来たんだから、思い切り楽しも**うじゃありませんか**。
2. 〈文章〉人それぞれ悩みはある。しかし、考えているだけでは悩みは解決(かいけつ)しない。苦しくても一歩ずつ前に進も**うではないか**。

◆「一緒に～しよう」と提案(ていあん)したり誘ったりする表現。

Used to express "let's do ～ together" and suggest something or invite someone. ／提议"一起做某事"，或者邀请做某事的表达方式。／「함께 ～하자」라고 제안하거나 권하거나 하는 표현.

V：楽しもう　＋　ではないか

15 ～にこしたことはない

1. A：就職(しゅうしょく)するには資格(しかく)があったほうがいいでしょうか。
   B：そりゃあ、こういう時代だから、ある**にこしたことはない**よ。でも、資格があるからって、就職できるとは限(かぎ)らないよ。
2. 何もない**にこしたことはない**けど、用心のため、海外旅行に行くときは必ず保険(ほけん)に入ります。

◆「(普通に考えて)そのほうがいい」という意味を表す。

Used to express "(thinking naturally,) ～is better". ／表示"一般说来，这么做比较好"的意思。／「(일반적으로 생각해) 그편이 좋다」라는 의미를 나타낸다.

V：ある
A：美しい
Na：きれい(である)　＋　にこしたことはない
N：晴れ(である)

16 まい

1. 今日のことは決して忘れる**まい**と心に誓(ちか)った。
2. もう二度とお酒は飲む**まい**と思ったんですが、その日はちょっと飲んでしまったんです。

◆「～するようなことはしない」と強い否定の意志(いし)を表す。主語(しゅご)は一人称(いちにんしょう)。

Used to show strong negative will such as "never do such a ～". Subject is the first person. ／表示强烈否定意志--"不要做像～的事情"。主语是第一人称。／「～하는 것 같은 일은 없다」라고 강한 부정 의지를 나타낸다. 주어는 일인칭.

V：する　＋　まい
※Ⅱグループの動詞は、「忘れる＋まい」の形もある（例：今日のことは決して忘れまい）。

ドリルA

次のa、bのうち、正しいほうを選びなさい。

1. ガイドブックは便利だけど、その場所に行ってみ（a. ないことには　b. ようものなら）わからないことも多い。

2. うちの子は甘いものが大好きだから、ケーキなんて見せ（a. ようものなら　b. ようが）、いつも大騒ぎですよ。

3. ガンを予防する（a. 上で　b. 上）、規則正しい生活を送ることは有効だと思う。

4. 外国語を学ぶ（a. という　b. ということ）は、外国の文化を学ぶということでもある。

5. この絵は、盗まれたゴッホの絵（a. で相違ありません　b. に相違ありません）。

6. 町を元気にする方法について、一緒に考え（a. ようでは　b. ようと）ありませんか。

7. 当日行っても大丈夫だと思うけど、予約しておくに（a. こしたことはない　b. こしたものではない）。

8. どういう結果になろうと、後悔だけはする（a. のみ　b. まい）と思っていた。

ドリルB

下のa～fの中から最も適当なものを一つ選びなさい。

1. 会って話してみ（　　　）、本当にいい人かどうかわからない。

2. この先生はとても厳しいから、ちょっとでも締め切りを過ぎ（　　　）、レポートを受け付けてくれないよ。

3. 何が起こるかわからないから、試験の時は、早く行く（　　　）よ。

4. その時は結局、一週間会社を休むことになったので、もう二度と無理はする（　　　）と思ったんです。

5. 〈薬の注意書き〉この薬は、使用上の注意をよくお読みになった（　　　）ご使用ください。

| a. うえで | b. まい | c. に相違ない | d. ないことには |
| e. ようものなら | f. にこしたことはない | | |

→ Unit 5の復習「ドリルC」が82ページにあります。

Unit 6-1

- □ **あまりにも**　海外勤務はうれしいけど、**あまりにも**急な話に驚いてる。
- □ **〜が〜だけに**　彼は家**が**貧しかった**だけに**、お金のありがたさをよく知っている。
- □ **〜末(に)**　さんざん迷った**末**、その日は買うのをやめた。
- □ **〜だけあって**　いろいろ言う**だけあって**、田中さんはワインにすごく詳しい。
- □ **〜て以来**　引っ越し**て以来**、まだ一度もエアコンを使っていない。
- □ **〜ている**　彼は19歳の若さでA大学の医学部を卒業し**ている**。
- □ **〜どころか**　忙しくて、旅行に行く**どころか**、土日も仕事をしていました。
- □ **〜はというと**　昔から英語は得意でしたが、数学**はというと**全然だめでした。

チャレンジ

次の①〜⑤に入る言葉を下のa〜hから一つずつ選びなさい。

江戸時代(1)

　19世紀末まで、東京は「江戸」と呼ばれていた。江戸に「幕府」と呼ばれる政治の中心があった時代を「江戸時代」と呼ぶ。1603年に江戸に幕府が置かれ　①　、2世紀半にわたり戦争が起こらず、長く平和が続いた。そのため、江戸にはさまざまな文化が発展し、当時、日本一　②　、世界一がいくつもあった。

　まず、第一に挙げられるのは人口である。初め、40万人くらいだった江戸の人口は、増え続けた　③　、130万人にまでなった。同じ時期のロンドンの人口が90万人、ニューヨークが6万人に過ぎなかった。　④　人口が増えすぎたため、江戸に入って来る人を制限する法律ができるほどだった。

　次に、子どもの教育である。江戸では、普通の子どもの70〜80％が学校で算数や読み書きを学んでいた。同じころ、欧米の国々では、最も水準の高いロンドンなどでも、学校に通っている子どもは20〜30％であった。教育に熱心な　⑤　、江戸では、ほとんどの大人がひらがなを読むことができたそうだ。

a. ている	b. どころか	c. はというと	d. だけあって
e. て以来	f. あまりにも	g. 末	h. だけに

1 〜て以来

1. 彼は学校始まって以来の秀才と言われていた。
2. 犬を飼って以来、毎朝の散歩が日課になった。
3. 彼に会ったのは、大学を卒業して以来です。

◆「Aて以来B」の形で、「AしてからずっとBの状態が続いている」ことを表す表現。

「Aて以来B」 is used to express the fact that "after doing A, B goes on all the while. ／用「Aて以来B」的形式，表示"做了A以后，一直都持续着B的状态"。／「Aて以来B」의 형태로「A하고 나서 쭉 B의 상태가 이어지고 있다」는 것을 나타냄.

V：始まって ＋ 以来

2 〜どころか

1. 夏なのに、やせるどころか、逆に太ってしまいました。
2. 妹は、フランス語どころか英語もよく話せないのに、一人でパリに観光に行った。

◆結果や事実が予想や期待と正反対であることを強調する表現。

Used to emphasis a result or fact completely opposite to expectation or anticipation. ／強調結果和事实与预想和期待的正好相反。／결과나 사실이 예상과 기대와는 정반대인 것을 강조하는 표현.

[ふつう] ＋ どころか
注 [Na：得意　N：フランス語]

3 〜末(に)

1. いろいろ悩んだ末、会社をやめることにしました。
2. 彼は、苦労した末、やっと周囲に認められるようになり、今年、自分の店を持つことができた。

◆「いろいろ〜した後で、こういう結果になった」ことを表す表現。

Used to express the fact that "after doing many things, the result becomes like this". ／表示"做了各种各样的事情之后，变成这样的结果"／「여러 가지〜한 다음에 이런 결과가 되었다」는 것을 나타냄.

V：困った　＋　末(に)
N：苦労の　＋　末(に)

4 あまりにも

1. 〈映画の広告〉あまりにも悲しく、美しいラブストーリー。あなたもきっと涙が止まらない……。
2. 大臣のあまりにも無責任な発言に、聞いて(い)て腹が立ってきた。

◆「〜」の程度がはなはだしいことを表す。「〜すぎる」という意味を表す。

Used to express the fact that "〜" runs to excess. It means "too 〜". ／「〜」的程度比较过分。表示"过于〜"的意思。／「〜」의 정도가 심한 것을 나타낸다．「〜지나치다」라는 의미를 나타낸다．

あまりにも ＋ A：悲しい
　　　　　＋ Na：危険(な)

5 〜だけあって

1. 人気のお店だけあって、料理はおいしかったけど、ちょっと混みすぎだと思う。
2. 彼はスポーツマンだけあって、健康管理には厳しい。

◆「AだけあってB」の形で、「Aであることから当然にBだ」という意味を表す。感心したりほめたりするときに使う。

「AだけあってB」 is used to express the fact that "because it's A, so certainly, it's B". It is used when one is impressed with something or praises something. ／用「AだけあってB」的形式，表示"正因为A，所以才是B"的意思。佩服以及表扬的时候使用。／「AだけあってB」의 형태로「A이니까 당연히 B다」라는 의미를 표현．감탄하거나 칭찬할 때 사용．

[ふつう] ＋ だけあって
注 [Na：得意(な)　N：スポーツマン(な)]

6 〜はというと

1. 昨日の夜、地震があったそうですね。私**はというと**、ぐっすり眠っていて、全然気がつきませんでしたけど。
2. その頃、日本**はというと**、仏教が人々の間に広がりつつあった。

◆前に取り上げたものとの対比を強調して、別のものを取り上げるときの表現。
Used to emphasis a difference of one thing taken up before and introduce another thing. ／强调与前面举出的某种东西进行对比，列举出其他东西的表达方式。／전에 화제로 삼은 것과의 대비를 강조해 다른 것을 화제로 삼을 때의 표현.

N：英語 ＋ はというと

7 〜ている

1. ゴッホもまた、パリの風景を描い**ている**。
2. こちらのお寺は、14世紀末に建てられましたが、1952年に火事で焼けて、その後、建て直され**ています**。

◆過去を表す語と共に使って、歴史的事実や経験などを表す。
Used to express a historic fact or experience with a word showing the past. ／与表示过去的词语一起使用，表示历史性的事实和经验。／과거를 나타내는 말과 함께 사용돼 역사적인 사실이나 경험 등을 나타낸다.

V：卒業して ＋ いる

8 〜が〜だけに

1. キーパー**が**いい**だけに**、このチームから点を取るのは大変そうだ。
2. 北欧の国々は、社会福祉**が**進んでいる**だけに**、自分が幸福だと感じている人の割合が高い。

◆「AだけにB」の形で、「Aである分、なおさらBだ」という意味を表す。
「AだけにB」 is used to express "because it's A, it's all the more B". ／用「AだけにB」的形式，表示"A的部分，B更〜"的意思。／「AだけにB」의 형태로「A인 만큼 더욱 B이다」라는 의미를 나타낸다.

N ＋ が ＋[ふつう]＋ だけに
※[Na：大変な/大変である　N子どもな：子どもである]

ドリルA

次のa、bのうち、正しいほうを選びなさい。

1 この会社に入って（a. 以上　b. 以来）、まだ一度も休んだことがない。

2 彼はオリンピックの金メダル候補だったが、今回のけがで、金メダル（a. どころか　b. どころ）、出場できるかどうかもわからない状態だ。

3 就職するか大学院に進むか、迷った（a. 末　b. の末）、大学院に行くことにした。

4 このお菓子、（a. あまりにも　b. あまりも）きれいで、食べるのがもったいない。

5 元プロの選手（a. ている　b. だけあって）、さすがにうまいね。

6 主人はよく本を読みますが、私（a. はというと　b. というと）、読むのは婦人雑誌ぐらいです。

7 ここは15年前に現在の地名になって（a. います　b. あります）。

8 この携帯、便利だけど、機能がたくさんついている（a. だけで　b. だけに）、覚えるのも大変そう。

ドリルB

下のa～fの中から最も適当なものを一つ選びなさい。

1 息子も中学生（　　　　）、会社で働くことの大変さが何となくわかるようです。

2 叱られるのを覚悟して、父親と反対の意見を言ったら、叱られる（　　　　）、すごくほめられた。

3 彼は結婚して（　　　　）、まるで人が変わったようにまじめになった。

4 この店、料理がすごくおいしい（　　　　）、場所が悪いのがもったいない。

5 困った（　　　　）、先生に相談に行きました。

| a. 末　　b. 以来　　c. だけあって　　d. だけに |
| e. どころか　　f. はというと |

Unit 6-2

- □ ～限りは（かぎ）　　　　　　ここにいる**限りは**大丈夫です。安心してください。
- □ ～ざるを得ない（え）　　　　彼は受験のため、サークル活動を休ま**ざるを得なかった**。
- □ ～てはかなわない　　　　　　こんなことでいちいち文句を言われ**てはかなわない**。
- □ ～てもさしつかえない　　　　5分や10分程度（ていど）なら、遅れ**てもさしつかえない**。
- □ ～ないではいられない　　　　台風の影響（えいきょう）が心配で、畑を見に行か**ないではいられなかった**。
- □ ～にすれば　　　　　　　　　彼**にすれば**冗談のつもりでも、彼女はすごく傷ついている。
- □ ～につけ　　　　　　　　　　こういう悲しいニュースを聞く**につけ**、胸が痛む。
- □ ～を問わず（と）　　　　　　この島には、季節**を問わず**、多くの観光客が訪れる。

チャレンジ

次の①～⑤に入る言葉を下のa～hから一つずつ選びなさい。

江戸時代（2）

　かつて、三代以上、江戸に住んでいる人のことを「江戸っ子」と呼んだ。江戸っ子は気が短く、貯金が嫌いで、お金が入ればその日のうちにすぐ使ってしまう。「江戸っ子は宵越（よいこ）しの（夜を越えた）金は持たない。」というのが自慢であった。何か　①　気が短い江戸っ子は、時間のかからないものが好きで、「すし」「てんぷら」「そば」などが当時、人気だった。現代では代表的な日本料理だが、これらは江戸っ子　②　便利なファストフードだったのである。

　では、気の短い江戸っ子たちの結婚とはどのようなものだったのだろうか。江戸では当時、職業に男女の区別はあまりなく、男女　③　、よく働いたし、男性のほうが女性よりかなり多かったので、女性は家庭での力も強かった。女性が結婚や離婚（りこん）をくり返しても誰も気にしなかったという。一方、貧しい男性が結婚するのは大変だったようだ。やっと結婚できたのに、奥さんから離婚しようと言われ　④　。気の短い江戸っ子も、奥さんとは気長（きなが）にやら　⑤　であろう。

| a. てはかなわない | b. を問わず | c. ざるを得なかった | d. てもさしつかえない |
| e. につけ | f. にすれば | g. ないではいられない | h. かぎりは |

9 ～につけ

1. 一生懸命勉強する子供たちを見る**につけ**、この仕事をやっていて、本当によかったと思う。
2. あの客は何か**につけ**文句を言ってくるから、本当に困る。

◆「～するといつも」という意味を表す。あとには話し手の心情を表す文が来ることが多い。

Used to express "whenever ～". Usually, a sentence of speaker's feeling comes after this phrase. ／表达"做某事总是"的意思。后续表达说话人心情的句子比较多。／「～하면 항상」이라는 의미를 나타냄. 뒤에는 화자의 심정을 나타내는 문장이 오는 경우가 많다.

V：見る ＋ につけ
注「何かにつけ」の形もよく使われる。

10 ～にすれば

1. この辺りの住民**にすれば**、飛行機の騒音はとても大きな問題です。
2. あなた**にすれば**小さなことかもしれないけど、ほかの人にはそうでもないんですよ。

◆「～の立場に立って考えれば」という意味を表す。

Used to express "consider from ～'s view". ／表达"站在某种立场上考虑"的意思。／「～의 입장에 서서 생각하면」이라는 의미를 나타냄.

N：あなた ＋ にすれば

11 ～を問わず

1. 国籍**を問わず**、広く世界中から優秀な人材を集めたい。
2. 値段の高い安い**を問わず**、とにかく、いいものを買いたい。

◆「Aを問わずB」の形で、「Aに関係なくBが成立する」ことを表す。

「Aを問わずB」is used to express "B comes into existence regardless of A". ／用「Aを問わずB」的形式，表示"B的成立，与A无关"。／「Aを問わずB」의 형태로「A에 관계없이 B가 성립된다」는 것을 나타냄.

N：国籍 ＋ を問わず

12 ～てはかなわない

1. お客さんが自分で間違えただけなのに、こっちのせいにさ**れてはかなわない**よ。
2. 休みの度に遊びに来られ**ちゃかなわない**よ。

◆現在の状態について、「～のは嫌だ、困る」と苦情や不満を表す表現。

Used to express "don't want to ～, that will cause a problem"and show complaints or dissatisfaction of the existing condition. ／关于现在的状态，表达"讨厌某事，很为难"的不满和牢骚。／현재 상태에 대해「～것은 싫다, 곤란하다」라고 고통이나 불만을 나타내는 표현.

V：受身形　来られる ＋ てはかなわない

13 ～ざるを得ない

1. 高校3年生の約3％が、生活が苦しいために、大学進学をあきらめ**ざるを得ない**そうです。
2. 今回の事故は、国の安全管理に問題があったと言わ**ざるを得ない**。

◆「～たくないが、事情があってしかたなく～なければならない」という意味を表す。

Used to express the fact that "one doesn't want to～, but circumstances do not permit to avoid ～ so that one reluctantly has to ～". ／表示"不喜欢做某事，因为某种原因没办法，不得不做某事"的意思。／「～하고 싶지 않지만 사정이 있어서 어쩔 수 없이 ～하지 않으면 안된다」라는 의미를 나타냄.

V：あきらめない ＋ ざるを得ない
Vする → Vせざるを得ない

14 ～てもさしつかえない

1. A：検査の前の晩は、何も飲めないんですか。
   B：いえ、水やお茶なら、飲ん**でもさしつかえありません**。
2. この内容なら、そのまま放送し**てもさしつかえない**。

◆消極的に「～ても問題ない」と言うときの表現。
Used to express "There's no problem to ～"negatively. ／"即使做某事也没有问题"的消极表达方式。／소극적으로「～해도 문제 없다」라고 말할 때의 표현.

V：飲んで ＋ もさしつかえない

15 ～ないではいられない

1. この曲を聴くと、歌わ**ないではいられなく**なるんです。
2. 親もだいぶ年をとってきたので、私も家事を手伝わ**ないではいられなく**なった。

◆強い感情や身体的な欲求などから「～しないでいることはできない」ことを表す表現。
Used to express a feeling of "can't stop doing ～"derived from strong emotion or desire. ／从某种强烈的感情和身体需求，表示"不做某事不行"的意思。／강한 감정이나 신체적인 욕구 등으로「～하지 않고는 있을 수 없다」는 것을 나타내는 표현.

V：行かない ＋ ではいられない

16 ～限りは

1. 〈インタビュー：最高齢の選手の話〉
   体力が続く**限りは**、頑張りたいと思います。
2. 雨でも降らない**限りは**、予定どおり、ハイキングに行きます。

◆「A限りはB」の形で、「Aの状態が続いている間は、Bの状態が続く」という意味を表す。
「A限りはB」 is used to express the fact that "as long as A, it is B". ／用「A限りはB」的形式，表达"A状态持续的时候，还持续着B状态"。／「A限りはB」의 형태로「A상태가 이어지는 동안은 B상태가 이어진다」라는 의미를 나타냄.

V：続く
A：美しい ＋ かぎりは
Na：きれいな/きれいである

ドリルA

次のa、bのうち、正しいほうを選びなさい。

1 輸入会社（a. ですれば　b. にすれば）、1ドルが何円かは、経営を左右する大問題だ。

2 この写真を見る（a. につけ　b. にすれば）、楽しかったころのことを思い出す。

3 わが社は、学歴や年齢（a. を問わず　b. を問わない）、やる気のある社員を求めています。

4 〈電車が来なくて〉急いでるときに、こんなに待たされ（a. てはかなわない　b. てかなわない）よ。

5 A：土曜なのに会社に行くの？
　B：システムにトラブルが起きちゃったんだよ。担当だから、行かざるを（a. 得ない　b. 得られない）。

6 お支払いは、商品が届いた後でも（a. さしさわりありません　b. さしつかえありません）。

7 前の日、3時間しか寝てなかったから、新幹線の中では寝ない（a. ではいなかった　b. ではいられなかった）。

8 あの人がいる（a. 限りに　b. 限りは）、うまくいかないと思う。

ドリルB

下のa～fの中から最も適当なものを一つ選びなさい。

1 カメラは大小（　　　）、レンズが一番大切である。

2 これだけ被害が出ている以上、政府も何らかの責任をとら（　　　）だろう。

3 この料理は、ふつうはナンプラーを入れますが、入れなくても（　　　）ありません。

4 あの人は孫の話をしない（　　　）みたいね。いつも聞かされる。

5 チャンスがある（　　　）、あきらめず、全力で頑張ります。

| a. かぎりは | b. さしつかえ | c. にすれば | d. を問わず |
| e. ざるを得ない | f. ではいられない | | |

→ Unit 6の復習「ドリルC」が83ページにあります。

ドリルC （Unit 5の復習）

次のa、bのうち、正しいほうを選びなさい。

1 妻は、機嫌良くテレビを見ていた（a. のみならず　b. かと思うと）、急に文句を言い出したりする。

2 お金は（a. あるにこしたことはない　b. あるまい）が、それで幸せになれるとは限らない。

3 このあたりは蚊が多く、夏、窓を開け（a. ないことには　b. ようものなら）すぐに入ってくる。

4 白いシャツは、汚す（a. まい　b. 上で）といつも思うんですが、いつの間にか食べ物で汚れてしまっているんです。

5 周りの人が見ているの（a. ことだから　b. もかまわず）、彼女は大声で泣き出した。

6 明日から近くのスーパーで、包丁、なべ（a. といった　b. ということは）台所の品物が安く販売されるそうだ。

7 会社を経営する（a. 上で　b. かのように）一番大切なことは、人を引きつける力だと思う。

8 この犬の人形は、まるで生きている（a. かと思うと　b. かのように）作られている。

9 いくらおいしいと言われても、実際に食べてみ（a. ないことには　b. ようものなら）、どのくらいおいしいのかわからない。

10 頭のいい彼の（a. ことだから　b. 上で）、今回のテストもきっと1番に違いない。

11 家庭の支出（a. に相違ない　b. における）食費の割合を「エンゲル係数」といい、一般的に、貧しいほどエンゲル係数が高いと言われる。

12 日本のトンネル技術は、国内（a. のみならず　b. 上で）、海外でも高い評価を受けている。

13 いつもは散歩が大好きなうちの犬も、（a. あまりの　b. ところで）寒さに今日は家を出たがらなかった。

14 猿が人の家のそばまで出てくる（a. ようではないか　b. ということは）、それだけ食べ物が不足しているということだ。

15 大学での専攻は、これからの人生を左右するかもしれない。よく考えた（a. 上で　b. ようではないか）、本当に自分が勉強したいことを選んだほうがいい。

16 これらは、実際に彼らが送ったメール（a. に相違ない　b. にこしたことはない）。

ドリルC （Unit 6の復習）

次のa、bのうち、正しいほうを選びなさい。

1 最近の電気製品は、機能が複雑な（a. かぎりは　b. だけに）、修理も難しい。

2 彼女はスチュワーデス（a. だけあって　b. はというと）サービスの仕方が上手だ。

3 特別な理由がない（a. かぎりは　b. につけ）、再試験は行いません。

4 星を調査する機械である「はやぶさ」号は、数々の失敗の（a. どころか　b. 末）、何とか地球に帰って来ることに成功した。

5 彼は男女（a. を問わず　b. にすれば）、みんなから好かれています。

6 両親（a. を問わず　b. にすれば）、一人娘の私を海外に留学させるのは、かなり心配だったと思います。

7 電車の中で大きな声で騒いでいる高校生たちを見て、注意（a. しないではいられなかった　b. するにこしたことはない）。

8 インフルエンザにかかったら、学校も仕事も（a. 休んではかなわない　b. 休まざるを得ない）。

9 日本は、1639年に外国船の出入りを禁止して（a. 以来　b. 末）、200年以上の間、海外との交流はほとんどなかった。

10 彼が病気をした時の会社の対応は、（a. あまりにも　b. どころか）冷たいものだった。

11 彼の顔を見る（a. につけ　b. にすれば）、彼のお父さんのことが思い出される。

12 この商品は、買ってから1週間以内なら、キャンセル（a. してはかなわない　b. してもさしつかえない）。

13 自分を幸福だと感じる人の割合は、ヨーロッパの北の国々が高いそうだ。日本（a. はというと　b. にすれば）、何と90位だそうである。

14 森さん夫婦からは、これまで2回、招待を（a. している　b. 受けている）。

15 うちの息子は40歳にもなるのに、頼りになる（a. だけあって　b. どころか）、親に心配ばかりかけている。

16 アルバイトの学生が、2人とも、年末は休ませてほしいと言ってきた。忙しい年末に二人一緒に（a. 休まれてはかなわない　b. 休んでもさしつかえない）ので、1人ずつ休んでもらうように話した。

Unit 7-1

- □ **〜くらいなら**　　お金を払ってこんな料理を食べる**くらいなら**、自分で作ったほうがいい。
- □ **〜次第で**　　明日の天気**次第で**どこに行くか決めよう。
- □ **〜てまで**　　体をこわし**てまで**、働こうとは思わない。
- □ **〜ところをみると**　　ワンさん、にこにこしている**ところをみると**、試験にうかったみたいだね。
- □ **〜ながら**　　ぼくの部屋は1階で、小さい**ながら**庭も付いています。
- □ **〜のもとで**　　あの犬はきっと、新しい飼い主さん**のもとで**幸せになると思う。
- □ **〜ものの**　　結婚した**ものの**、まだ一緒に住んでいない。
- □ **〜をはじめとして**　　このやり方は、東京**をはじめとして**、多くの都市で採用されている。

チャレンジ

次の①〜④に入る言葉を下のa〜hから一つずつ選びなさい。

アイスマン(1)

　1991年9月、オーストリアとイタリアの国境付近で、氷の中から男性の死体が発見された。この男性は皮の靴をはき、毛皮の帽子をかぶり、シカの皮のコートを着て、簡単なもの　①　、鳥や動物をとる、狩りのための道具を持っていた。

　この記事が新聞に載ると、男性は数十年前に行方がわからなくなったイタリアの音楽家であるという説　②　、さまざまな意見が出た。20年前にいなくなった自分の父親だと主張する女性まで現れた　③　、結局、誰かはわからなかった。

　その後、オーストリアの研究者　④　調査が行われたが、最も新しい年代測定法により、この男性は少なくとも5000年以上も前の人間であることがわかり、「アイスマン」と名前が付けられた。アイスマンは推定46歳。生きている時に胸の骨が折れて、治った跡があった。狩りの道具を持っていた　⑤　、野や山を歩いて食料を得る生活をしていたようである。

```
a. ものの      b. ながら      c. ところをみると      d. のもとで
e. をはじめとして      f. てまで      g. くらいなら
```

1 〜ながら

1 〈挨拶の最後〉・・・これで、簡単**ながら**、お祝いのご挨拶とさせていただきます。

2 うちの子はまだ2歳ですが、たまに私たちがけんかをすると、子ども**ながら**、心配になるみたいです。

◆「AながらB」の形で、「AだがB」という逆接を表す。Aには状態を表す表現が来る。

「AながらB」 is used to express a paradoxical fact like "it is A but B". In A, expression to show condition comes. ／用「AながらB」的形式，表示"虽然是A，但还是B"的逆接形式。A后面接表示状态的表现形式。／「AながらB」의 형태로「A이지만 B」라는 역접을 나타낸다. A에는 상태를 나타내는 표현이 온다.

```
A：忙しい
Na：苦手(であり)   ＋ ながら
N：子ども(であり)
```

2 〜をはじめとして

1 うちの会社には、中国人**をはじめとして**、多くの外国人スタッフがいる。

2 歌舞伎**をはじめとして**、多くの日本の伝統文化が、江戸時代に生まれ、発展した。

◆代表的な例を挙げる表現。「〜」に代表となるものが来て、「同じグループの他のものも」という意味を表す。

Used to give a typical example. In "〜", the typical example comes and means "also the others in the same group". ／举出代表性的事例。「〜」是代表性事物，表示"同一组的其他事物也是一样"的意思。／대표적인 예를 드는 표현.「〜」에 대표되는 것이 와서「같은 그룹 외의 것도」라는 의미를 나타냄.

```
N：日本   ＋ をはじめとして
```

3 〜ものの

1 今回は勝った**ものの**、得点力不足など、日本チームには多くの課題が残った。

2 最初は調子が良かった**ものの**、20キロを過ぎると急に足が重くなって、走れなくなってしまった。

◆「AもののB」の形で、「AだがB」という逆接を表す。書き言葉的。

「AもののB」 is used to express a paradoxical fact like "it is A but B". It is rather written language. ／用「AもののB」的形式，表示"虽然是A，但还是B"的逆接。书面语。／「AもののB」의 형태로「A이지만 B」라는 역접을 나타낸다. 문어체적임.

```
［ふつう］ ＋ ものの
㊟ [Na：にぎやかな / にぎやかである
    N：雨である ]
```

4 〜のもとで

1 〈感謝を述べる〉先生**のもとで**勉強できて、本当によかったです。

2 人の性格は、どういう親**のもとで**育ったかで、全く異なってくる。

◆「〜のところで」「〜の影響を受けながら」という意味。

Used to express "under 〜" or "under the effect of 〜". ／"在某处"、"收到某种影响"的意思。／「〜인 곳에」「〜의 영향을 받으며」라는 의미.

```
N：先生   ＋ のもとで
```

Unit 7-1

85

5 ～ところをみると

1. 〈母親が子供に〉宿題はもう済んだの？・・・黙っている**ところをみると**、まだなのね。早くやりなさい。
2. いつも行列ができている**ところをみると**、きっとおいしい店に違いない。

◆「～という事実、様子から判断すると」という意味で、判断の根拠を示す表現。
Used to express "judging from the fact or appearance like ～", and show the reason of the judgment. ／表示"从某种事实、状态来判断"的意思，表示判断的根据。／「～라는 사실, 모습으로 판단하면」라는 의미로 판단의 근거를 나타내는 표현.

[ふつう] ＋ ところをみると
㊟[N：苦手な／苦手である
　 N：くもりである]

6 ～次第で

1. 物事は、考え方**次第で**良く見えたり悪く見えたりするもんだよ。いい方向に考えよう。
2. この作業も、やり方**次第で**もうちょっと早くできるんじゃないかなあ。

◆「A次第でB」の形で、「Aが変われば、それに合わせてBも変わる」という意味を表す。AがBの決定要素となっていることを表す。
「A次第でB」 is used to express "if A changes, then B also changes based on that". A is the determinant factor of B. ／用「A次第でB」的形式，表达"如果A改变，与此相符，B也要改变"。表示A是B的决定性要素。／「A次第でB」의 형태로「A가 변하면 그것에 맞추어 B도 변한다」는 의미를 나타냄. A가 B의 결정 요소가 되는 것을 나타낸다.

N：気分 ＋ 次第で

7 ～くらいなら

1. 最近は、地方に転勤させられる**くらいなら**、会社を辞める、という若者が増えているそうだ。
2. あんな男に頭を下げる**くらいなら**、死んだほうがましだ。

◆「AくらいならB」の形で、とても嫌だと思っているAを取り立てて、「Aに比べればBのほうがましだ」と言う表現。
「AくらいならB」 is used to express "would rather B than A" by taking up A that one really doesn't like. ／用「AくらいならB」的形式，列举出特别讨厌的A，表示"与A相比，B更好"。／「AくらいならB」의 형태로 아주 싫어하는 A를 들어「A와 비교하면 B가 낫다」라고 하는 표현.

V：別れる ＋ くらいなら

8 ～てまで

1. 確かにあそこのラーメンはおいしいけど、並ん**でまで**食べようとは思わない。
2. ひろし、旅行に来**てまで**、ゲームをしなくてもいいでしょ！

◆「Vてまで」の形で、「Vという極端な程度にまで」という意味を表す。
「Vてまで」 is used to express "to extreme extent like V". ／用「Vてまで」的形式，表示"到V这种极端的程度"。／「Vてまで」의 형태로「V라는 극단적인 정도까지」라는 의미를 나타냄.

V：並んで ＋ まで

ドリル A

次のa、bのうち、正しいほうを選びなさい。

1. 10月3日ですか……。残念（a. ながら　b. だから）ぼくは参加できません。その日は、友だちの結婚式があるんです。
2. 倉庫には農薬を（a. はじめ　b. はじまり）として、いろいろな危険な薬品が入っているので、入るには許可が必要なんです。
3. 電車は1時間後に動き出した（a. もので　b. ものの）、速度を落としての運転だったため、結局、5時間遅れの到着になった。
4. 才能ある彼女には、いい指導者（a. のもと　b. のもとで）勉強させてあげたい。
5. 彼女、ラーメンを食べているところを（a. すると　b. みると）、ダイエットはやめたんだね。
6. あなたの言い方（a. 次第で　b. のもとで）、相手がハッピーな気分になるかもしれないし、逆に、傷ついたりするかもしれないのです。
7. 娘は、彼と別れる（a. くらいなら　b. くらいより）家を出る、とまで言ってるんです。
8. 無理なダイエットを（a. してまで　b. するまで）やせたいとは思わない。

ドリル B

下のa～fの中から最も適当なものを一つ選びなさい。

1. いつもとちょっと違うなと、素人（　　　）思いました。
2. 日本（　　　）、先進国では高齢化が進み、労働力不足が大きな問題となっている。
3. 火はすぐに消えた（　　　）、煙を吸った何人かが病院に運ばれた。
4. A：またやり直しだって。
   B：えっ、また!?　気分（　　　）決められたら困るよ。
5. この会社、いつも社員を募集している（　　　）、人がすぐに辞めてしまうのかなあ。

| a. ものの | b. 次第で | c. ながら | d. ところをみると |
| e. のもとで | f. をはじめとして | | |

Unit 7-2

- □ ～に際して(は)　登録に際しては、以下のものが必要になります。
- □ ～に応じて　人数に応じて、いろいろなパーティープランが選べます。
- □ ～をはじめ　この大会には、前回優勝のブラジルをはじめ、16の国が参加している。
- □ ～抜く　優勝するには、これから5試合を勝ち抜いていかなければならない。
- □ ～にほかならない　私がこの仕事に就けたのも、石井先生の指導があったからにほかなりません。
- □ ～となると　本のタイトルも著者もわからないとなると、調べようがない。
- □ ～ずじまい　昨日は立食パーティーだったけど、話ばかりして、何も食べずじまいだった。
- □ ～ではないか　お年寄りのほうが負担額が多いなんて、おかしいではないか。

チャレンジ

次の①～⑤に入る言葉を下のa～hから一つずつ選びなさい。

アイスマン(2)

　五千年前の人間は、今よりもっと厳しい自然環境を生き　①　いかねばならなかった。そのため、状況　②　、体がうまく働くように出来上がっていった。例えば、狩りなどの危険　③　は、血液を濃くして、血が流れないように準備をする。けがをするとすぐに血液が固まり、破れた皮膚をふさぐ。また、わずかな食料でも活動できるように、血液の中の糖分を効果的に上げる。アイスマンがけがをしても活動していられたのは、こうした体の働きのおかげ　④　。

　研究者によると、このような体の働きは、現代の私たちの体においても大きくは変わっていないという。そのため、アイスマンの時代には必要だったこれらの体の働きは、現代においては、高血圧　⑤　、さまざまな生活習慣病を作り出す原因になってしまっている。五千年前と同じ体の働きを持ちつつ、現代に健康に生きるには、アイスマンのように、食べすぎず運動する以外にない。

a. に際して　　b. に応じて　　c. をはじめ　　d. ぬいて
e. にほかならない　　f. となると　　g. ずじまい

⑨ ～抜く

1. 初めてのマラソンは思った以上にきつかったけど、最後まで走り**抜く**ことができて、大満足です。
2. 〈コーヒー店で〉選び**抜かれた**豆だけを使った最高級の味と香りをお楽しみください。

◆「V抜く」の形で、「困難なことを最後まで完全に～する」という意味を表す。

「V抜く」is used to express "to do something difficult, do ～ at full through to completion"．/用「V抜く」的形式，表示"困難的事物做到最后要完全～"的意思。/「V抜く」의 형태로「곤란한 것을 마지막까지 완전히 ～하다」라는 의미를 나타낸다.

V：考えます ＋ ぬく

⑩ ～に応じて

1. 本校では、入門コースから通訳コースまで、レベルや目的**に応じて**、さまざまなコースが選べます。
2. カードで支払いをすれば、利用額**に応じて**、ポイントがたまる。

◆「Aに応じてB」の形で、「Aの程度や種類が変われば、それに合わせて、Bする」という意味を表す。

「Aに応じてB」is used to explain "when a degree or kind of A changes, then B will change based on that"．/用「Aに応じてB」的形式，表示"A的程度或种类改变的话，与此相应,B也会～"的意思。/「Aに応じてB」의 형태로「A의 정도나 종류가 바뀌면 그것에 맞추어 B하다」라는 의미를 나타낸다.

N：レベル ＋ に応じて

⑪ ～に際して(は)

1. 受験**に際しては**、必ず受験票を持参してください。
2. 〈大学の掲示板〉奨学金の申し込み**に際しては**、以下のような条件があります。よく確かめた上で、申し込みをしてください。

◆「～をするときに」という意味。特別なときについて述べるときに使う。

Used to express "when one does ～". It is used when the speaker wants to say something special．/"做某事的时候"的意思。关于特别时候，进行叙述时使用。/「～을 할 때에」라는 의미. 특별한 것에 대해 말할 때 사용한다.

N：受験 ＋ に際して

⑫ ～にほかならない

1. 〈優勝インタビュー〉今回優勝できたのは、選手とスタッフが一つになって力を合わせた結果**にほかなりません**。
2. 彼ががんに勝つことができたのは、最初の発見が早かったから**にほかならない**。

◆「絶対に～だ」「絶対に～以外のものではない」と断定するときの表現。

Used to express the conclusion such as "must be ～" or "nothing but ～"．/表示断定"绝对是～"、"绝对～，没有其他事情"。/「절대로～이다」「절대로～이외의 것은 아니다」라고 판정할 때의 표현.

N：結果 ＋ にほかならない

⑬ ～をはじめ

1. この電子辞書は、英語**をはじめ**、スペイン語、中国語など、さまざまな言語に対応している。
2. 日本にいる間は、先生**をはじめ**、みなさんに本当に親切にしていただき、本当にありがとうございました。

◆代表的な例を挙げる表現。「～」に代表となるものが来て、「同じグループの他のものも」という意味を表す。

Used to show a typical example. In "～", the typical example comes and means "the other things in the same group"．/列举出代表性的事例。"～"是代表性事物，表示"同一组的其他事物也是一样"的意思。/대표적인 예를 드는 표현.「～」에 대표되는 것이 와서「같은 그룹 외의 것도」라는 의미를 나타낸다.

N：英語 ＋ をはじめ

14 〜となると

1 彼は普段は大人しいけど、ゲームの話**となると**、急におしゃべりになる。

2 森先生が来られない**となると**、日にちを変えたほうがいいね。

◆「AとなるとB」の形で、すでに成立した事柄Aについて、「AならBという結果・結論になる」ことを表す。
「AとなるとB」 is used to express that "if A, the result or conclusion is B" when A has already come into existence. ／用「AとなるとB」的形式，表示关于既成事项A，表示"如果是A的话，就是导致B的结果或结论"。／「AとなるとB」의 형태로 이미 성립된 사항 A에 대해 「A라면 B라는 결과・결론이 된다」는 것을 나타낸다.

[ふつう] ＋ となると
N：ゲーム

15 〜ずじまい

1 日本にいる間に富士山を見たかったんですが、ずっと天気が悪く、見れ**ずじまい**でした。

2 せっかくの連休だったけど、原稿を書かなければならなくて、どこにも行け**ずじまい**だった。

◆「Vずじまい」の形で、「しようと思ったこと、したいと思ったことが実現しないで終わってしまった」ことを表す。
「Vずじまい」 is used to express "something that one wants or tries to do falls through". ／用「Vずじまい」的形式，表示"想要的做某事，想做的某事没有实现就结束了"。／「Vずじまい」의 형태로「하려고 생각한 것, 하고 싶은 것이 실현되지 않고 끝나버렸다」는 것을 나타낸다.

V：食べます ＋ ずじまい

16 〜ではないか

1 勉強したいのに、経済的な理由でそれが許されない子供がいるとは、あまりにも不公平**ではないか**。

2 何か聞こえると思ったら、いつの間にか、屋根の下にツバメの巣がある**じゃありませんか**。びっくりしましたよ。かわいいヒナもいたんです。

◆自分の意見や判断、疑問や提案を相手に提示する表現。
Used to say one's opinion, judgment, question or suggestion. ／提出自己的意见、判断、疑问或者建议的表达方式。／자신의 의견이나 판단, 의문이나 제안을 상대에게 제시하는 표현.

[ふつう] ＋ ではないか
㊟[Na：大変 N：雨]

ドリルA

次のa、bのうち、正しいほうを選びなさい。

1 考えに考え（a. ぬいた　b. のった）結果、その方法でやることにしました。

2 このテーブルは、人数（a. で応じて　b. に応じて）、大きさを変えることもできるんですよ。

3 〈薬の説明書き〉ご使用（a. に際して　b. の際して）は、必ず使用説明書をお読みください。

4 ワンさんが合格したのは、彼女自身が頑張ったから（a. でほかはない　b. にほかならない）。

5 8月は、やまと町（a. をはじめ　b. からはじめて）、多くの町で夏祭りが行われる。

6 〈探し物〉家にも職場にもない（a. というと　b. となると）、ほかにどこを探せばいいのかなあ？

7 会場がすごい混雑だったので、田中さんとは会え（a. ずまま　b. ずじまい）でした。

8 専門用語を並べたりせず、誰でも簡単にわかるような書き方をすべきなの（a. ではある　b. ではない）か。

ドリルB

下のa～fの中から最も適当なものを一つ選びなさい。

1 この子たちは、食べるものも住むところもなかったのに、よく生き（　　　）こられたと思う。

2 「バイトやめること、店長に言った？」「いや、昨日はすごく忙しくて、まだ言えず（　　　）なんだ。」

3 家具の大きさは部屋の広さに（　　　）決めたほうがいい。

4 この街が発展できたのは、すぐそばにふじ自動車の工場があったからに（　　　）。

5 3泊4日と（　　　）、荷物が増えるなあ。このかばんじゃ、だめだ。

a. じまい	b. はじめ	c. 抜いて	d. 応じて
e. なると	f. ほかならない		

→ Unit 7の復習「ドリルC」が100ページにあります。

Unit 8-1

- □ **〜限りでは** 　林さんに聞いた**限りでは**、会は予定どおり行われるということです。
- □ **〜というか〜というか**
  　彼は明るい**というか**、軽い**というか**、よくしゃべる男ですよ。
- □ **〜抜きで** 　今回の調査で、小学生の約1割が朝食**抜きで**学校に来ていることがわかった。
- □ **〜の上で** 　電話番号をよくお確かめ**の上で**、おかけください。
- □ **〜のだ** 　人間の生活が豊かになる一方で、多くの動物や自然が犠牲になってきた**のだ**。
- □ **〜ばかりに** 　私が連絡しなかった**ばかりに**、みんなに迷惑をかけてしまった。
- □ **〜までして** 　徹夜**までして**勉強したのに、問題が予想と全然違ってた。
- □ **〜(よ)うか〜まいか**
  　言お**うか**言う**まいか**、迷ったけど、結局、言わなかった。

チャレンジ

次の①〜⑤に入る言葉を下のa〜hから一つずつ選びなさい。

婚活(1)

　土田さんは来週のパーティーに出席し　①　迷っている。パーティーとは、県が主催するお見合いパーティーのことだ。毎月1回開かれるこのパーティーに、土田さんは去年、10回出席したが、すべてうまくいかなかった。土田さんは現在36歳の独身男性。いわゆる「婚活」といわれる結婚相手探しを始めて、今年の春でもう3年になる。

　初めにお見合いパーティーの話を持って来たのは、彼の父親だった。あまり興味を示さない本人に代わり、本人　②　、両親がパーティーに行ったのである。そう　③　土田さんに結婚してほしいと両親が考えるのは、理由がある。土田さんの家は、4代続く和菓子屋。土田さんが結婚しないと、和菓子屋を続ける人がいない。せっかく4代続いたお店を、ここでやめるわけにはいかない　④　。自分が結婚しない　⑤　親がこれほど心配していることに、土田さんは悩む。

a. のだ	b. ぬきで	c. ばかりに	d. までして
e. ようかしまいか	f. の上で	g. というか	h. 限りでは

1 ～(よ)うか～まいか

1 高いから、買**おうか**買う**まいか**迷ったけど、これなら一生使えると思って買うことにした。

2 1時間しか眠れる時間がなかったので、寝**ようか**寝**まいか**迷ったが、結局寝なかった。

◆「AようかAまいか」の形で、「Aをしようか、Aをするのはやめようか」という意味を表す。

「AようかAまいか」 is used to express hesitation like "do A or stop doing A". ／用「AようかAまいか」的形式，表示"做A，还是不做A"的意思。／「AようかAまいか」의 형태로「A를 할지 A를 하지 않을지」라는 의미를 나타낸다.

V：意向形　言おう　+　か　+　言う　+　まいか

2 ～抜きで

1 〈仕事で訪れた場所について〉
すごくいいところで、次はぜひ、仕事**抜きで**来たいと思った。

2 A：何とか、私たちの活動にご協力いただけませんか。
B：わかりました。困っている人たちを助けるためですからね。お金のことは**抜きで**、できる限りの協力をしますよ。

◆「～なしで」という意味。「～」には「本来はあるべきもの、いつもはあるもの」が来る。

Used to express "without ～". "～" should be "something originally or usually exists. ／"没有～"的意思。「～」里出现的是"本来应该有的东西、总是有的东西"。／「～없이」라는 의미.「～」에는「본래 있어야 할 것, 항상 있는 것」이 온다.

N：朝食　+　ぬきで

3 ～までして

1「あの店、すごい行列だね」「ほんとだ。でも私は、並んで**までして**ラーメンを食べたいと思わないなあ」

2 友だちはやせるためにご飯を抜いたりしてるけど、私はそこ**までして**やせたいと思わない。

◆「～」には「普通ならしないような程度のこと」が来て、「～という極端なこともして」という意味を表す。

In "～", "something not done in a normal situation" comes and express "even do an extreme ～". ／「～」是"一般来说不做这种程度的事"，表示"做某种极端事情"的意思。／「～」에는「보통이면 하지 않을 정도의 것」이 와서「～라는 극단적인 것까지 해」라는 의미를 나타낸다.

N：行列　+　までして

4 ～のだ

1 これで自由になった**のだ**！　誰もがそう思った。

2 毎日少しずつ勉強してきたからこそ、こうして合格できた**のです**。

3 A：このエアコン、壊れてるみたいだね。涼しい風が全然来ない。
B：なんだ、だから暑かった**んだ**。

◆話し手が自分の主張を強く言いたいときに使う表現。また、納得した気持ちを表す。

Used when speaker strongly wants to make an assertion. Also used to express a sense of satisfaction.／说话人强烈地表达自己主张的说法。表示理解的心情。／화자가 자신의 주장을 강하게 말하고 싶을 때에 사용하는 표현. 또한, 이해한 기분을 나타낸다.

［ふつう］　+　のだ
㊟[Na：苦手な　N：晴れな]

Unit 8-1

5 ～ばかりに

1. うっかり携帯を忘れた**ばかりに**、友だちと会えなくなった。
2. 私の説明が足りなかった**ばかりに**、皆さんにご面倒をおかけしてしまいました。

◆「AばかりにB」の形で、「Aが原因で、Bという予想外の悪い結果になった」という意味を表す。
「AばかりにB」is used to express "because of A, something unexpectedly badly resulted in B"./用「AばかりにB」的形式,表示"由于A的原因,导致B这个预想之外的不好的结果"。/「AばかりにB」의 형태로「A가 원인으로 B라는 예상외의 나쁜 결과가 되었다」라는 의미를 나타낸다.

[ふつう] ＋ ばかりに
※ [Na：苦手な / 苦手である
　　N：雨である]

6 ～の上で

1. 工事計画は、周辺住民との話し合い**の上で**決められるべきだ。
2. ご注文の際には、商品をよくお確かめ**の上で**、お買い求めいただきますよう、お願いいたします。

◆「Aの上でB」の形で、「まずAをしてから、それに基づいてBをする」という意味を表す。
「Aの上でB」is used to express "first do A and based on that, do B"./用「Aの上でB」的形式,表达"首先做完A之后,在此基础上再做B"的意思。/「Aの上でB」의 형태로「우선 A를 하고 나서 그것에 근거하여 B를 하다」라는 의미를 나타낸다.

N：話し合い ＋ の上で

7 ～というか～というか

1. 自分で牛丼を作ってみたが、味が濃すぎる**というか**、甘すぎる**というか**、ちょっと変な味になってしまった。
2. あの人はまじめ**というか**、まじめすぎる**というか**、全然冗談を言ったりしないんです。

◆話題の物事について説明するときに、適切な表現を探していろいろな言葉を挙げてみる言い方。
Used when one wants to explain something and say various words to find appropriate expressions./就某个话题的事物进行说明的时候,探寻某种恰当的表达方式,列举出各种词语的说法。/화제인 것에 대해 설명할 때, 적절한 표현을 찾아 여러 단어를 들어 보는 말투.

[ふつう] ＋ というか＋ [ふつう] ＋ というか
※ [Na：きれい　N：希望]

8 ～限りでは

1. 日本文学の研究に関しては、私の知る**限りでは**、この大学が一番です。
2. 入院患者への電話の取り次ぎは午前9時から午後9時までです。ただし緊急の場合は、この**限りでは**ありません。

◆「～の範囲では」という意味で、ある判断をするための情報の範囲を限定する。
Used to express "as far as ～" and limit the information to judge something./表示"某种范围之内",为了某种判断而限定的信息范围。/「～의 범위로는」의 의미로 어떤 판단을 하기 위한 정보의 범위를 한정한다.

V：見る / 見た
N：調査＋の ｝＋ かぎりでは

ドリル A

次のa、bのうち、正しいほうを選びなさい。

1 車を（a. 買おう　b. 買おうか）買うまいか、ずっと迷っていたけど、おじから軽自動車を譲ってもらえることになった。

2 借金（a. からして　b. までして）買った車なのに、もうぶつけてしまった。

3 たまに子ども（a. 抜きで　b. 抜いて）、二人で出かけることもあります。

4 1年の外国暮らしから帰って来て、日本の電車はこんなにも時間に正確だった（a. のだ　b. のに）と、改めて気づいた。

5 窓を開けたまま寝てしまった（a. ばかり　b. ばかりに）、風邪を引いてしまった。

6 給与などの条件は、話し合い（a. の上で　b. の上に）決定します。

7 あんなうそをつくなんて、（a. 悲しいのかあきれるのか　b. 悲しいというかあきれるというか）、何と言っていいか、わかりません。

8 私が調べた（a. 限りでは　b. 限りには）、その情報は事実ではありませんでした。

ドリル B

下のa～fの中から最も適当なものを一つ選びなさい。

1 学校はもう夏休みか。だから電車が空いていた（　　　）。

2 どういう治療法にするか、患者との話し合い（　　　）決めることになります。

3 私の考えが甘かった（　　　）に、予定が狂ってしまった。

4 説明会に行こうか行く（　　　）か迷ったけど、今回は行くことにした。

5 仕事が終わった後、たまに、男性（　　　）居酒屋とかに行くこともありますよ。

a. まい	b. んだ	c. かぎり	d. のうえで
e. ぬきで	f. ばかりに		

Unit 8-2

□ ～てでも	わからないことがあったら、多少恥をかい**てでも**、すぐに聞いたほうがいい。
□ ～というものでもない	勝てばいい**というものでもない**。その中身が大切だ。
□ ～にあたって	就職活動を始める**にあたって**、まず先輩に話を聞いてみた。
□ ～にしたところで	元々のデザインが良くないから、別の色**にしたところで**、あんまり変わらない。
□ ～にしても	遅れて来る**にしても**、電話一本、連絡を入れるべきだ。
□ ～ものがある	いつも来ていたこの店がなくなると思うと、さびしい**ものがある**。
□ ～ものなら	やり直せる**ものなら**、もう一度、高校時代に戻りたい。
□ ～んだった	しまった！ 今日は辞書が必要な**んだった**。

チャレンジ

次の①～⑤に入る言葉を下のa～hから一つずつ選びなさい。

婚活(2)

　日本の未婚率は、1970年以降、男女ともに増え続けている。2009年の調査によると、35歳から39歳の未婚者の割合は、男性が30.6%、女性が16.1%だった。男性は、国際的にみても、スウェーデンに次いで第2位の高さである。原因はさまざまだが、多くの女性が仕事を持つようになり、一人でも生活に困らなくなったことがその一つとして挙げられる。つまり、今の生活を捨て　①　結婚したいと考える女性が少なくなったということだろう。

　未婚率の増加は少子化につながるとして、県によってはお見合いパーティーを主催するところも出てきた。土田さんもそこに出席した一人だ。彼も両親の希望通り、できる　②　、婚活パーティーで気の合う人を見つけて結婚したいと思っている。しかし、多くの人に会ったからといって、気の合う人が見つかる　③　ようだ。土田さんは、今年初めての婚活を始める　④　、いろいろ考えた。仕事を休んでまで、パーティーに出る価値はあるのだろうか、一人でもかまわないのではないか、と。しかし、両親の気持ちや代々続いてきた家のことを考えると、複雑な　⑤　。

a. てでも	b. ものがある	c. というものでもない	d. んだった
e. にあたって	f. ものなら	g. にしたところで	h. にしても

9 〜てでも

1 A：課長、電車、止まってるみたいです。
　　B：大事な打ち合わせだから、歩い**てでも**行かないと。電車はあきらめて、タクシーを拾おう。

2「若い時の苦労は買っ**てでも**しろ」ということわざがあるが、当たっていると思う。

◆「〜ということをしても」という意味で、「実現したいことのためなら、〜という極端なことをしてもいい」という話し手の強い決意を表す。

Used to express "even doing 〜", and show the speaker's strong determination like "to make something come true, it is right to do extreme 〜". ／"即使做某事"的意思,表示"为了想要实现的事情,某种极端的事情也会去做"的说话人的强烈意愿。／「〜라는 것을 해도」라는 의미로「실현하고 싶은 것을 위해서라면 〜라는 극단적인 것을 해도 좋다」라는 화자의 강한 결의를 나타낸다.

V：買って ＋ でも

10 〜ものなら

1 できる**ものなら**、もう一度人生をやり直したい。

2「準備、大変そうね。誰かに手伝ってもらったら？」「頼める**ものなら**頼みたいけど、みんな忙しいから、無理なんじゃないかなあ」

◆実現が難しいことや不可能なことについて、「もしできるなら」という意味を表す。

Used to express "if one can do it" when talk about something difficult or impossible to realize. ／关于实现起来比较难的事情或者是不可能的事情,表示"如果可以的话"的意思。／실현이 어려운 것이나 불가능한 것에 대해「혹시 가능하다면」이라는 의미를 나타낸다.

V：可能形 帰れる ＋ ものなら

11 〜というものでもない

1 美人だから幸せになれる**というものでもない**。

2 物価が安くなるのはうれしいけど、何でも安くなればいい**というものでもない**。

◆「ある主張や考えがいつも正しいとはいえない」ことを婉曲に主張するときの表現。

Used to express "one idea or concept is not always right" euphemistically. ／"不能说某种主张和想法总是正确的"的表达方式。／「어떤 주장이나 생각이 항상 바르다고는 할 수 없다」는 것을 완곡하게 주장하는 표현.

［ふつう］ ＋ というものでもない

12 〜にあたって

1 奨学金を申し込む**にあたって**は、いくつかの条件がありますので、詳しくは事務所までお問い合わせください。

2 論文を書く**にあたって**大切なことの一つは、書き方のルールを守るということです。

◆「〜をするときに」という意味。「〜」には決心を要するような特別なときや重要な事柄が来る。改まった言い方。

Used to express "when doing 〜". In "〜", special timing to make up one's mind or important thing comes. ／"做某事的时候"的意思。"〜"里是需要决心的某些特别的时候或者重要的事情。正式的说法。／「〜을 할 때」라는 의미.「〜」에는 결의를 요하는 특별한 때나 중요한 사항이 온다. 격식을 차린 말투.

V：申し込む
N：利用　｝＋ にあたって

⑬ 〜ものがある

1. 最近の携帯電話の技術には、目を見張る**ものがあります**。
2. A：このCD、いいね。女性の声がいい。
   B：でしょ。彼女の声には、何か聞く者を引きつける**ものがある**よね。

◆話し手がある事実から感じたことを、感慨を込めて表す表現。

Used to express deep emotion that speaker feels from a certain fact.／说话人从某种事实感受到的、充满感慨的表达方式。／화자가 어떤 사실로부터 느낀 감회를 담아 표현하는 표현.

| V：引きつける／
　　理解できない
A：さびしい
Na：残念な | ＋ ものがある |

⑭ 〜にしたところで

1. この商品がどれだけ売れるのか、社長**にしたところで**実際のところはわからない。
2. 携帯の使用を禁止**にしたところで**、どのくらいの生徒が従うかわからない。

◆「〜という別の立場／部分から見ても、結果は同じである」という意味。結果はよくないことが多い。

Used to express "judging from another position / part like 〜, the result is the same". Usually, the result is a bad thing.／"从〜这种其他的立场/部分看,结果都是一样"的意思。结果不太好的时候比较多。／「〜라는 다른 입장／부분으로 보아도 결과는 같다」라는 의미. 결과는 좋지 않은 경우가 많다.

| N：社長 ＋ にしたところで |

⑮ 〜にしても

1. 謝る**にしても**、もう少しちゃんと謝るべきだ。
2. 忙しい**にしても**、欠席の連絡をしてこないのはよくない。

◆「もし〜という状況であっても」「〜という状況は仕方がないかもしれないが」という意味。話し手の不満や納得できない気持ちを表すことが多い。

Used to express "even if something is under 〜 condition" or "condition like 〜 is unavoidable". Often shows the speaker's dissatisfaction or unconvinced feeling.／"即使是某种状况"、"出现某种状况可能也是没办法的事情"的意思。表达说话人不满和不理解的心情比较多。／「혹시 〜라는 상황이어도」「〜라는 상황은 어쩔 수 없을지도 모르지만」이라는 의미. 화자의 불만이나 납득할 수 없는 기분을 나타내는 경우가 많다.

| ［ふつう］ ＋ にしても |

⑯ 〜んだった

1. A：ホテル、まだ取れないの？
   B：うん、すごく混んでて。こんなことなら、もっと早く予約しておく**んだった**。
2. あーあ、もっと早く出る**んだった**。そうしたら、こんなに焦らなくてよかったのに。

◆忘れていた何か重要なことを思い出したときに使う表現。「うっかりしていた」という気持ちが含まれる。

Used when someone forgot something important but that comes up in one's mind again. It shows the feeling of "despite myself, I have forgotten that".／想起了某些已经忘记的重要的事情时的表达方式。含有"不注意"的心情。／잊고 있었던 무엇인가 중요한 것을 생각해 낼 때 사용하는 표현. 「깜박 잊고 있었다」라는 기분이 담겨 있다.

| V：作る ＋ んだった |

ドリルA

次のa、bのうち、正しいほうを選びなさい。

1 その時は、食事の回数を減らし(a. てから　b. てでも)、お金を貯める必要があったんです。

2 生まれ変われる（a. ものなら　b. ばかりに）、スポーツ選手になりたい。

3 外国語は、長く勉強したから上手に話せる（a. ということでもない　b. というものでもない）。

4 海外旅行をする（a. にあたって　b. にあてて）は、次のことに注意してください。

5 自分の国にどうしてこんなばかげた制度があるのかと思うと、つらい（a. ものがある　b. ものである）。

6 彼ら（a. にしたところで　b. にしたところにも）、専門家じゃないから、よくわからないと思うよ。

7 A：明日の忘年会、出席できますか。
   B：うーん、どうかな……。出席する(a. にしても　b. にすれば)、だいぶ遅い時間になる。

8 しまったなあ。おばあちゃんが生きているうちに、あの料理の作り方を教わっておく（a. の　b. ん）だった。

ドリルB

下のa～fの中から最も適当なものを一つ選びなさい。

1 お掃除ロボットは、どうしても必要という（　　　）が、あれば便利だと思う商品の一つだ。

2 安全を犠牲にし（　　　）電車を時間通りに走らせるという姿勢が、今回の事故を招いた。

3 子どもが病気になったときは、代われる（　　　）代わってやりたいと、親なら思うだろう。

4 飛行機が嫌いなので、旅行に行く（　　　）、国内です。

5 確かに、一人で受付と司会をやるのは厳しい（　　　）。

| a. てでも | b. にしても | c. にあたって | d. ものなら |
| e. ものがある | f. ものでもない | | |

→ Unit 8の復習「ドリルC」が101ページにあります。

ドリルC （Unit 7の復習）

次のa、bのうち、正しいほうを選びなさい。

1　国のご両親（a. に応じて　b. をはじめ）、ご家族の皆さんによろしくお伝えください。

2　彼は、会社をやめ（a. てまで　b. ぬいて）新しい仕事を始めたのに、失敗してしまった。

3　雨はやんだ（a. ものの　b. ながら）、グラウンドの状態がよくないので、試合はできそうにない。

4　新しい体制（a. のもとで　b. をはじめとして）ちゃんとした政治が行われれば、この国もよくなっていくだろう。

5　電車が止まり、車が大渋滞（a. ものの　b. となると）、時間通りに着くのはあきらめたほうがいいな。

6　仕事も勉強も、やり方（a. 次第で　b. くらいなら）面白くもつらくもなる。

7　本日の会議には、社長（a. ながら　b. をはじめとして）、森部長、石井課長にご出席いただき、まことにありがとうございます。

8　そんなに悩む（a. くらいなら　b. に際して）、直接彼女に好きだと言ってみたらいいと思うよ。

9　このカメラは、小型（a. ながら　b. に応じて）、とても性能がいい。

10　あの先生は、学生の理解力（a. をはじめ　b. に応じて）、さまざまな指導方法をとる。

11　このチームが優勝できたのは、皆さんの応援があったから（a. にほかなりません　b. 次第です）。

12　初めてホノルルマラソンを走り（a. ぬいた　b. ながら）時の感動は忘れられません。

13　うちの子どもたちが料理を残した（a. ところをみると　b. に際して）、ここの料理はそれほどおいしくないようだ。

14　夏祭りの開催（a. くらいなら　b. に際して）、町内の皆さまにはたくさんのご寄付をいただき、本当にありがとうございました。

15　苦しい時こそ、みんなで協力してやって（a. いこうじゃありませんか　b. いくにほかなりません）。

16　せっかく京都に行ったのに、仕事が忙しくて、どこにも寄ら（a. 次第　b. ずじまい）で帰って来た。

ドリル C （Unit 8 の復習）

次のa、bのうち、正しいほうを選びなさい。

1 健康には注意しているので、お酒を飲む（a. にしても　b. にあたって）、ビール１本くらいにしています。

2 彼女が３度目の離婚(りこん)をするというのを聞いて、驚いた（a. というか　b. ばかりに）あきれたというか、何とも言葉が出て来なかった。

3 多少無理をし（a. ようかしまいか　b. てでも）、この仕事は今日中に終わらせてしまいましょう。

4 彼女のスピーチには何か人を感動させる（a. というものではない　b. ものがあった）。

5 商品は値段が安ければいい（a. というものではない　b. にほかならない）。

6 戻れる（a. にあたって　b. ものなら）、君と出会ったあの日に戻りたい。

7 お正月に国に帰ろうと思ったが、満員で飛行機のチケットがとれない。もっと早く予約を（a. しておいた　b. しておく）んだった。

8 今回、博士(はかせ)論文を書く（a. にあたって　b. にしたところで）、多くの人に助けていただいた。

9 私が気をつけなかった（a. 限り　b. ばかりに）、子どもに風邪を引かせてしまった。

10 私が知る（a. 限(かぎ)りでは　b. の上で）、彼はこの大学で最も日本語の上手な留学生の一人です。

11 今日の会議では、使えそうなアイデアは一つも出なかった。もっとも、私（a. にしたところで　b. にあたって）いいアイデアなどないのだが……。

12 今日は、空港にずいぶん人が多いと思ったら、外国からスターが来日（a. していたんだ　b. した）。

13 辛いものが苦手なので、トウガラシ（a. というか　b. ぬきで）お願いします。

14 彼女はダイエット（a. までして　b. の上で）準備をしていたのに、今度のパーティーに行けなくなって、どんなにがっかりしているだろう。

15 カーナビは、（a. 買おうか　b. 買わないか）買うまいかずい分迷ったが、買ってよかったと思うもののひとつだ。

16 治療(ちりょう)（a. にしたところで　b. の上で）最も大切なのは、自分の病気の状態をよく知ることである。

実戦練習② Unit 5〜8

問題1 次の文の（　　　）に入れるのに最もよいものを、1・2・3・4から一つ選びなさい。

1　留学し（　　　　）ずいぶん迷ったが、実際に外国で暮らしてみて、本当によかったと思っている。
　　1　まいか　　2　ようかしまいか　　3　ようではないか　　4　ないか

2　高校を卒業（　　　　）以来会っていなかった友人に、15年ぶりに同窓会で会った。
　　1　した　　2　する　　3　して　　4　している

3　パーティーの料理は、3000円から15000円まで、ご予算（　　　　）ご用意いたします。
　　1　もかまわず　　2　を問わず　　3　の上で　　4　に応じて

4　昨日から風邪をひいて、ご飯を食べる（　　　　）飲み物も飲めなくなってしまった。
　　1　ものなら　　2　における　　3　どころか　　4　上で

5　会社の利益が減ったから急に社員をやめさせる、というのは（　　　　）ひどいやり方だ。
　　1　あまり　　2　あまりにも　　3　あまりの　　4　あまりでも

6　マラソン大会では、途中でお腹が痛くなったが、何とか最後まで（　　　　）。
　　1　走るまい　　2　走るのだ　　3　走るにこしたことはない　　4　走りぬいた

7　このスポーツクラブでは、水泳やテニス（　　　　）、バスケットボール、卓球、空手など、さまざまなスポーツを楽しむことができる。
　　1　にしても　　2　をはじめとして　　3　にあたって　　4　を問わず

8　北日本（　　　　）、東京や名古屋にも大雪が降り、交通が大混乱した。
　　1　ということは　　2　はというと　　3　のみならず　　4　だけに

9　今日は会議があるので、パーティーに出席（　　　　）、会議が終わってからになる。
　　1　するにしても　　2　してまで　　3　してでも　　4　するどころか

10 私の友人は大恋愛の末、結婚した（　　　　）1年も経たないうちに離婚してしまった。
　1　ものなら　　2　かのように　　3　ものの　　4　限りでは

11 スーツ姿の学生を（　　　　）につけ、就職試験で苦労したころを思い出す。
　1　見る　　2　見た　　3　見て　　4　見ている

問題2　次の文の＿＿＿＿にはどんな言葉を入れたらよいか。1・2・3・4から最も適当なものを一つ選びなさい。

1　大雪で家が＿＿＿＿。大変だけど、屋根の雪を下ろそう。
　1　つぶれてもさしつかえない　　2　つぶれざるを得ない
　3　つぶれないではいられない　　4　つぶれてはかなわない

2　受験の準備は、早く始める＿＿＿＿。すぐに始めよう。
　1　にこしたことはない　　2　んだった
　3　というものでもない　　4　に相違ない

3　相手チームとは実力に差はない。勝てるかどうかは、私たちの気持ち＿＿＿＿。
　1　以来だ　　2　ばかりだ　　3　次第だ　　4　の上だ

4　ピアノが上手に弾ければピアニストになれる＿＿＿＿。
　1　にほかならない　　2　というものでもない　　3　ではないか　　4　だけある

5　人々の反対運動がこんなに激しくては、大統領も＿＿＿＿だろう。
　1　辞めざるを得ない　　2　辞めずじまい
　3　辞めるにほかならない　　4　辞めてはかなわない

6　大学の一般教養課程では、数学、美術、音楽など、どういう分野の科目を選択＿＿＿＿。
　1　しないではいられない　　2　してもさしつかえない
　3　しようではないか　　4　せざるを得ない

7　私たちの応援が選手の力になるのです。みんなでチームを応援＿＿＿＿。
　1　するにほかなりません　　2　するにこしたことはありません
　3　するんでした　　4　しようではありませんか

8 コロンブスは1492年にアメリカ大陸を発見_____。
　　1　せざるを得なかった　　　2　したにほかならない
　　3　したというものでもない　4　している

問題3　次の文の＿★＿に入る最もよいものを1・2・3・4から一つ選びなさい。

1　テストの前の日になって、＿＿＿＿ ＿＿＿＿ ＿★＿ ＿＿＿＿ 前から準備しておきなさい。
　　1　そんなに　2　もう少し　3　くらいなら　4　あわてる

2　＿＿＿＿ ＿＿＿＿ ＿★＿ ＿＿＿＿、妻から10倍になって返って来る。夫婦げんかの時は黙っているほかはない。
　　1　ものなら　2　ひとこと　3　わたしが　4　言おう

3　ダイエット ＿＿＿＿ ＿＿＿＿ ＿★＿ ＿＿＿＿ ある人は、実は、それほど多くない。
　　1　を　2　必要の　3　やせる　4　してまで

4　あのレストランは有名だが、＿＿＿＿ ＿＿＿＿ ＿★＿ ＿＿＿＿ 本当においしいかどうかはわからない。
　　1　みない　2　自分で　3　ことには　4　食べて

5　部長は今日とても忙しいらしく、＿＿＿＿ ＿＿＿＿ ＿★＿ ＿＿＿＿ またすぐに出かけて行った。
　　1　来た　2　会社に　3　かと思うと　4　戻って

6　死んだ後も彼の ＿＿＿＿ ＿＿＿＿ ＿★＿ ＿＿＿＿、彼の歌には何か人の心を動かすものがあるようだ。
　　1　ところをみると　2　いる　3　CDが　4　売れ続けて

7　彼は病気で長く休んでいたが、＿＿＿＿ ＿＿＿＿ ＿★＿ ＿＿＿＿ みんなに追いつくに違いない。
　　1　彼の　2　努力家の　3　すぐ　4　ことだから

問題4　次の文章を読んで 1 から 5 の中に入る最もよいものを1・2・3・4から一つ選びなさい。

　私の町では、2年に1度、ピアノのコンクールが開かれる。日本中から、ピアノの上手な若者が100人近く参加し、力強い演奏を聞かせてくれる。
　このコンクールは、ボランティアとして手伝うと、暇な時には自由にピアノの演奏を聞くことができる。 1 、ピアノが好きな私は、このコンクールを手伝うことにした。普通の演奏会と違い、試験のような緊張感（きんちょうかん）の中で弾くピアノだけあって、 2 。
　参加者には、実にさまざまな人たちがいる。その中の一人が青木さんである。青木さん 3 夏の天気のいい日だというのに、黒い長袖（ながそで）に長ズボン、マスクをして大きな黒い傘をさして現れた。聞くと、重い花粉症（かふんしょう）で、今にも倒れそうだという。私たちは全員、青木さんがいつ倒れるかと心配でしかたがなかった。ところが、青木さんは演奏 4 人が変わったように元気になり、次々に勝ち抜き、とうとう優勝してしまった。私たちは、この間にすっかり青木さんの演奏に夢中（むちゅう）になり、みんなが心の中で応援していた。青木さんはその後、フランスのコンクールなどでも優勝し、今では、立派なプロのピアニストとして活躍（かつやく）している。
　現在、同じようなピアノコンクールが日本各地で50以上も開かれているという。ピアニストを希望する人たちは、こうしたコンクールを勝ち抜いていかなければならないわけだが、コンクールに優勝した人すべてがピアニストになれるというわけではない。応援してくれる人たちができて、初めてプロのピアニストになれるのである。その点、青木さんは、まわりの人が応援（おうえん） 5 、特別な才能を持っているのかもしれない。プロの演奏家とは、実に厳しい世界である。

1　1　もっとも　　2　それなら　　3　そこで　　4　ただし

2　1　どの人の演奏も力が入っていて応援したくなる
　　2　どの人の演奏ものんびりしていて眠くなる
　　3　どの人の演奏もつまらなくて聞いていられない
　　4　どの人の演奏もゆったりしていて楽しめる

3　1　が　　2　は　　3　に　　4　の

4　1　したものの　　2　となると　　3　までして　　4　限り（かぎり）では

5　1　してもさしつかえない　　2　するにこしたことはない
　　3　するにほかならない　　　4　しないではいられない

PART 2

模擬試験
Mock examinations
模拟考试
모의고사

第1回　模擬試験

問題1　つぎの文の（　　）に入れるのに最もよいものを、1・2・3・4から一つえらびなさい。

1　この道路はいつもすいているのに、今日（　　）混んでいる。
　1　に限って　　2　について　　3　に際して　　4　にしては

2　このセーターは値段が高い（　　）、色も形もとてもいい。
　1　くせに　　2　ばかりに　　3　だけに　　4　あげくに

3　航空写真を見る（　　）、火山の爆発による被害はないと思われます。
　1　一方では　　2　ものの　　3　となると　　4　かぎりでは

4　台風は、予想を外れて日本に接近する（　　）、太平洋を北上した。
　1　こととなると　　2　ことなく　　3　ことだし　　4　ことから

5　結婚する（　　）、これからは親の援助を期待してはいけない。
　1　以上　　2　上で　　3　折に　　4　次第

6　どちらを合格にするか（　　）がたいので、二人とも合格にしよう。
　1　決めた　　2　決めて　　3　決め　　4　決める

7　努力した（　　）、希望の会社に入社できた。
　1　にあたって　　　　　2　からして
　3　ところをみると　　　4　かいがあって

8　来月のお父様の上京を、主人（　　）、孫たちも皆喜んでいます。
　1　はというと　　2　はさておき　　3　はもとより　　4　といえば

9　昼間はまだ暑さが厳しい（　　）、朝、晩はかなり涼しくなってきている。
　1　どころか　　　　2　ということは
　3　となると　　　　4　とはいうものの

[10] 物価がこんなに（　　　　　　）。
1　上げてほしいものだ　　　　2　上がってはかなわない
3　上がってもいい　　　　　　4　上げてもさしつかえない

[11] 数学は考え方が大切であり、答えが出ればいい（　　　　　　）。
1　に相違ない　　　　　　　　2　というものだ
3　にこしたことはない　　　　4　というものではない

[12] こんなに給料が下がっては、夜アルバイトを（　　　　　　）。
1　せざるを得ない　　　　　　2　するどころではない
3　しないことはない　　　　　4　し得ない

問題2 つぎの文の＿＿★＿＿に入れるのに最もよいものを、1・2・3・4から一つえらびなさい。

[13] 魚屋＿＿＿＿＿＿　＿＿＿＿　★＿＿　＿＿＿＿魚は今では日本の近海（きんかい）では獲れない。
1　売っている　　2　といった　　3　で　　4　あじやさんま

[14] 紅葉（こうよう）を見に行ったが、＿＿＿＿＿　＿＿＿＿　★＿＿　＿＿＿＿を撮るのも忘れてしまった。
1　美しさ　　2　あまりの　　3　に　　4　写真

[15] 田中さんは＿＿＿＿＿　＿＿＿＿　★＿＿　＿＿＿＿人生の目標も失ってしまった。
1　仕事　　2　病気　　3　で　　4　のみならず

[16] 貧しい家庭に育った鈴木さんは、50年間毎日働き、＿＿＿＿＿　＿＿＿＿　★＿＿　＿＿＿＿家庭をつくった。
1　の　　2　頑張り　　3　今　　4　ぬいて

[17] 家をつくるには、水道＿＿＿＿＿　＿＿＿＿　★＿＿　＿＿＿＿設備が必要である。
1　はじめとする　　2　電気　　3　を　　4　や

第1回　模擬試験

問題3 つぎの文章を読んで、 18 から 22 の中に入る最もよいものを、1・2・3・4から一つえらびなさい。

　パソコンを使い始めて10年になるが、パソコンで一番便利だと思うのがメールである。それまでは、手紙を書く　18　一応下書きをしてから清書をしていた。かなり手間がかかり、返事が遅れることもたびたびであった。ところが、メールであれば簡単に文章を直すことができ、さらにわからない漢字でもパソコンが変換し　19　。

　しかし、この変換に頼りすぎていると、とんでもない語句が使われてしまう。受け取ったメールで、「漢字への返還を間違えています」、「主語と術後が合わない文が多くみられる」、「中国語や韓国語、英語などと日本語の文法を対象する」など、同音異義(どうおんいぎ)の言葉の選択の誤りによるものをときどき見かける。「対照」と「対象」は誰でもうっかり間違えてしまうが、日本語は同音異議語が多いので、変換　20　注意しなければならない。

　同音異義語に注意していれば大丈夫　21　。「咲くほどはありがとうございました」という文を受け取ったこともある。なぜこのような間違えがおきたのか、初めはわからなかったが、パソコンのキーをよく見ると「き」と「く」はとなり同士なので、「先ほどは」と打つべきところを、誤ってとなりのキーを打ち、そのまま変換してしまったのであろう。ちなみに、日本語を学ぶ外国人のメールで見られるのは、「テニスの試合で処理しました」というようなミスである。このミスの原因は、「勝利（しょうり）」の「う」を入れずに打ったことだ。

　パソコンの変換機能はとても便利だが、どの漢字が適切かを判断できる知識や丁寧なチェックが欠けると、せっかくの便利な機能もうまく働かなくなる。下書きが必要ではなくなった分、　22　。

| 18 | 1 という | 2 となると | 3 といった | 4 として |

| 19 | 1 てあげる | 2 てさしあげる | 3 ていただく | 4 てくれる |

| 20 | 1 に際して | 2 に応じて | 3 に限って | 4 に沿って |

| 21 | 1 にほかならない | | 2 ないこともない |
| | 3 にはおよばない | | 4 というものでもない |

22	1 見直しをする必要がなくなって楽になった
	2 丁寧にチェックしなくても、変換に頼ればよくなった
	3 見直しに時間をかける必要があるだろう
	4 漢字の知識がなくても　変換さえできればよくなった

第2回　模擬試験

問題1 つぎの文の（　　）に入れるのに最もよいものを、1・2・3・4から一つえらびなさい。

1　いつもよく食べる山本さんがあまり食べない（　　　）、体の具合が悪いのかもしれない。
　　1　こととなると　　2　ことだから　　3　どころか　　4　ところをみると

2　うちの会社は給料は安いし、残業も多いが、辞めさせられない（　　　）。
　　1　に相違ない　　2　というものだ　　3　だけましだ　　4　ではいられない

3　先生、ご相談したいことがあるのですが、今晩お電話（　　　）でしょうか。
　　1　してもさしつかえない　　2　してはかまわない
　　3　するにはおよばない　　4　せざるを得ない

4　あの先生の授業では、論文の基礎を学ぶことができる。厳しい授業だが、苦労する（　　　）。
　　1　かいがない　　2　にほかならない
　　3　だけのことはある　　4　だけましだ

5　サッカーファンの伊藤さん（　　　）、ワールドカップの時は、夜中まで試合を見ているに違いない。
　　1　に限って　　2　からすると　　3　のことだから　　4　はもとより

6　雨も降ってきた（　　　）、タクシーで帰ることにしよう。
　　1　ことだし　　2　ことだけあって　　3　こととなると　　4　ことなく

7　彼は大変な苦労の（　　　）、ついに今年、ノーベル賞を受賞した。
　　1　上　　2　以上　　3　以来　　4　末

8 以前は時々ゴルフに行きましたが、子どもが生まれてからは、子どもにお金がかかってゴルフ（　　　　）。
1　にはおよびません　　　2　したいものです
3　どころではありません　　　4　しないではいられません

9 彼はとても仕事熱心だ。彼ならきっと、私たちの期待（　　　　）くれるだろう。
1　に応じて　　2　に限って　　3　に先だって　　4　にこたえて

10 社会人なら、人に対する基本的なマナーは（　　　　）ほしいものだ。
1　知る　　2　知った　　3　知ろう　　4　知っていて

11 政府によると、日本の景気は徐々に回復（　　　　）そうだ。
1　してみせる　　　2　しつつある
3　しないではいられない　　　4　しがたい

12 鈴木さんはある韓国人俳優の大ファンだ。私がその俳優の悪口を（　　　　）、本気で怒り出す。
1　言おうものなら　　　2　言ったあげく
3　言うどころか　　　4　言うくらいなら

問題2 つぎの文の＿＿★＿＿に入れるのに最もよいものを、1・2・3・4から一つえらびなさい。

13 今でも、＿＿＿＿＿＿＿＿＿＿★＿＿＿＿＿が、定年を契機に、仕事を辞めることにした。
1　働けない　　2　無理を　　3　こともない　　4　すれば

14 最近のゲームセンターは、＿＿＿＿＿＿＿＿＿＿★＿＿＿＿＿人気があるそうだ。
1　若者　　2　にも　　3　中高年　　4　ばかりか

15 今日の会議は、重要な話し合いがありますので、＿＿＿＿＿＿＿＿＿＿★＿＿＿＿＿全員出席してください。
1　ない　　2　よほどの　　3　かぎり　　4　ことが

16　この町は数年前に大雨で被害を受けたが、今は_____ _____ ★ _____にぎやかだ。
　　1　かのように　　2　も　　　　3　なかった　　4　何事

17　彼は小さい時_____ _____ ★ _____クラシック音楽にはとても詳しい。
　　1　習っている　　2　から　　　3　ピアノを　　4　だけあって

問題3　つぎの文章を読んで、 18 から 22 の中に入る最もよいものを、1・2・3・4から一つえらびなさい。

　日本語の「出る」という動詞は、「中から外に移動する」という意味を持ち、英語では go out、leave などと訳されます。「出る」は、日本語学習の初級に出てくる、基本的な動詞ですから、皆さんもよくご存じでしょう。しかし、基本的な動詞とはいえ、「出る」の使い方は簡単ではありません。

　例えば、「授業に出る」あるいは「電話に出る」といった表現があります。しかし、ちょっと考えてみてください。授業のときは「教室の中に入る」ですし、電話に出るときは普通、「家の中で移動する」です。 18 、いずれも「中から外に移動する」という意味はないのです。では、なぜこのような文に「出る」が使われるのでしょうか。それを知るには、日本語では何が「外」で、何が「中」なのか、ということから考えなければなりません。

　日本語では、「授業」や「電話」を公（おおやけ）の場、人との交流の場と考えます。つまり、このような場所が日本語 19 「外」なのです。反対に、人から見えない場所、個人的な場所を日本語では「中」ととらえます。個人的な場所から公の場所へ、人から見えない場所から人との交流の場所へと、このような移動を「出る」と表現しているのです。「ゴキブリが出た」「熊が出た」などの表現もよく聞きますが、「ゴキブリ」や「熊」

20　、「人から見える所に移動しただけで、出たつもりはない」と思っているかもしれません。他動詞「出す」を使った「宿題を出す」「レポートを出す」などの表現も、このような考え方　21　。

　物事をどのように考えるか、また、ある言葉からどのようなことをイメージするか、ということは、言葉の使い方に深くかかわり、これは文化によっても異なります。このようなことを研究する分野　22　「認知言語学」といいます。

　あなたの国の言葉では、「どこに"出る"」と言うのでしょうか？

| 18 | 1 しかも | 2 あるいは | 3 すなわち | 4 それはそうと |

| 19 | 1 における | 2 にあたる | 3 に応じて | 4 に沿って |

20　1 だけあって　　　　　　2 からすれば
　　3 はともかく　　　　　　4 にしたところで

21　1 に基づきました　　　　2 に基づくでしょう
　　3 に基づいているのです　4 に基づくはずです

| 22 | 1 が | 2 を | 3 の | 4 も |

第3回　模擬試験

問題1　つぎの文の（　　）に入れるのに最もよいものを、1・2・3・4から一つえらびなさい。

[1]　卒業式を始める（　　）、まず、本日のスケジュールをお知らせ致します。
1　以上は　　　2　にあたって　　　3　につけ　　　4　上で

[2]　あのレストランは、ピアノ演奏を聴きながら、東京の夜景が見下ろせる。味（　　）、雰囲気は最高だ。
1　どころか　　　2　にかかわらず　　　3　ばかりか　　　4　はともかく

[3]　彼はまじめで、一度（　　）授業に遅れたことがない。
1　として　　　2　きり　　　3　ながら　　　4　につけ

[4]　監督、次の試合では必ず点を（　　）。私を使ってください。
1　入れるに相違ありません
2　入れてみせます
3　入れずにはいられません
4　入れるにこしたことはありません

[5]　あの会社の社長はいろいろな人からお金を（　　）あげく、会社をつぶして逃げてしまった。
1　借りて　　　2　借りる　　　3　借りている　　　4　借りた

[6]　父は医者からあまりお酒を飲まないように言われているが、おいしい魚などがあると、日本酒を（　　）ようだ。
1　飲むどころではない
2　飲まずにはいられない
3　飲むにはおよばない
4　飲みつつある

[7]　この国で自由を求める運動が起こって（　　）、ほかの国々でも次々に同じような運動が起こり始めた。
1　以来　　　2　上で　　　3　こそ　　　4　あげく

8 山本さんは自分勝手だ。いつも待ち合わせに遅刻して来る（　　　）、人が遅刻するととても怒る。
　1　くせに　　　2　あまり　　　3　くらいなら　　4　どころか

9 最近疲れているせいか、夜、ベッドに入るか入ら（　　　）眠ってしまう。
　1　ないかと思うと　　　　　2　ないかのうちに
　3　ないかぎり　　　　　　　4　ないとなると

10 優秀な田中さん（　　　）、最近テストの成績がよくない。何か悩みごとでもあるのではないだろうか。
　1　ながら　　　2　のくせに　　　3　だけあって　　4　にしては

11 病気を（　　　）仕事などできるわけがない。今は病気の治療を第一に考えなさい。
　1　治さないことには　　　　2　治してこそ
　3　治すにしろ　　　　　　　4　治すくらいなら

12 吉田さんはプロ野球が大好きで、野球の（　　　）、話が止まらなくなる。
　1　ことには　　　2　ことにしては　　3　ことだから　　4　こととなると

問題2　つぎの文の＿＿★＿＿に入れるのに最もよいものを、1・2・3・4から一つえらびなさい。

13 この家は＿＿＿＿＿＿＿＿＿＿＿★＿＿＿＿＿＿数が変えられます。
　1　人数に　　　2　部屋の　　　3　応じて　　　4　家族の

14 確かに大学には入りたいが＿＿＿＿＿＿＿＿＿＿＿★＿＿＿＿＿＿とは思わない。
　1　までして　　2　合格　　　3　不正　　　4　したい

15 財布を落としてしまい、＿＿＿＿＿＿＿＿＿＿＿★＿＿＿＿＿＿なくなってしまった。
　1　どころか　　2　カードも　　3　定期券　　4　銀行の

16 彼は周りに人＿＿＿＿＿＿＿＿＿＿＿★＿＿＿＿＿＿大声で笑い出した。
　1　も　　　2　かまわず　　　3　が　　　4　いるの

17 パイロットでも＿＿＿ ＿＿＿ ★ ＿＿＿することはできない。
1　検査　　　　2　入国　　　　3　ぬきで　　　　4　荷物の

問題3　つぎの文章を読んで、 18 から 22 の中に入る最もよいものを、1・2・3・4から一つえらびなさい。

　私が好きなテレビ番組は、犬や猫などペットを扱ったものである。特に、犬が出てくる番組は欠かさず見ている。中でも、有名人の犬を、飼い主である有名人と一緒に紹介する番組で、飼い主が犬の種類や名前、性格を紹介するときの自慢 18 な表情を見るのが楽しみだ。

　犬と人間との歴史 19 かなり古い時代にまでさかのぼる。かつての犬は、人が狩りをするときのパートナー、あるいは人を危険から守る番犬であったそうだ。 20 、そのころの犬は人から強さを求められていたのである。しかし、現代では、犬は強さではなく、優しさを求められている。

　ペットに関する調査によれば、ペットを飼う理由の1位が「気持ちがやわらぐから」で、約6割を占めているそうだ。これは、われわれ現代人が多くのストレスを抱えているから 21 。私たちは、かわいい犬たちの動作や反応を見ていると、知らず知らずのうちに顔に笑みが浮かび、楽しい気分になる。こうして、ストレスも消えていく。

　最近、このようなペットの力を老人ホームに利用しようという 22 。　ペットに触れた途端、お年寄りは笑顔を見せ、生き生きとした表情になるそうだ。犬との長い付き合いを振り返ってみると、人はずっと犬に助けられてきたと言えるのではないだろうか。

| 18 | 1 さ | 2 み | 3 だらけ | 4 げ |

| 19 | 1 は | 2 に | 3 を | 4 が |

| 20 | 1 そして | 2 要するに | 3 しかし | 4 それから |

| 21 | 1 にこしたことはない | 2 にはおよばない |
| | 3 に相違ない | 4 というものでもない |

| 22 | 1 試(こころ)みがなされている | 2 試みざるを得ない |
| | 3 試みてほしいものだ | 4 試みどころではない |

N2 言語知識（文字・語彙・文法）・読解 解答用紙

（本試験の見本）

受験番号 Examinee Registration Number

名前 Name

〈ちゅうい Notes〉
1. くろいえんぴつ（HB、No.2）で かいてください。
   Use a black medium soft (HB or No.2) pencil.
2. かきなおすときは、けしゴムで きれいにけしてください。
   Erase any unintended marks completely.
3. きたなくしたり、おったりしないで ください。
   Do not soil or bend this sheet.
4. マークれい Marking examples

よい Correct	わるい Incorrect
●	⊘ ○ ◐ ◑ ⊖

問題 1 ★文字・語彙
	①	②	③	④
1	①	②	③	④
2	①	②	③	④
3	①	②	③	④
4	①	②	③	④
5	①	②	③	④

問題 2 ★文字・語彙
| 6 | ① | ② | ③ | ④ |
| 7 | ① | ② | ③ | ④ |

問題 3 ★文字・語彙
8	①	②	③	④
9	①	②	③	④
10	①	②	③	④

問題 4 ★文字・語彙
11	①	②	③	④
12	①	②	③	④
13	①	②	③	④
14	①	②	③	④
15	①	②	③	④
16	①	②	③	④
17	①	②	③	④
18	①	②	③	④
19	①	②	③	④
20	①	②	③	④
21	①	②	③	④
22	①	②	③	④

問題 5 ★文字・語彙
23	①	②	③	④
24	①	②	③	④
25	①	②	③	④

| 26 | ① | ② | ③ | ④ |
| 27 | ① | ② | ③ | ④ |

問題 6 ★文字・語彙
28	①	②	③	④
29	①	②	③	④
30	①	②	③	④
31	①	②	③	④
32	①	②	③	④

問題 7 ★文の文法1
33	①	②	③	④
34	①	②	③	④
35	①	②	③	④
36	①	②	③	④
37	①	②	③	④
38	①	②	③	④
39	①	②	③	④
40	①	②	③	④
41	①	②	③	④
42	①	②	③	④
43	①	②	③	④
44	①	②	③	④

問題 8 ★文の文法2
45	①	②	③	④
46	①	②	③	④
47	①	②	③	④
48	①	②	③	④
49	①	②	③	④

問題 9 ★文章の文法
| 50 | ① | ② | ③ | ④ |
| 51 | ① | ② | ③ | ④ |

52	①	②	③	④
53	①	②	③	④
54	①	②	③	④

問題 10 ★読解
55	①	②	③	④
56	①	②	③	④
57	①	②	③	④
58	①	②	③	④
59	①	②	③	④

問題 11 ★読解
60	①	②	③	④
61	①	②	③	④
62	①	②	③	④
63	①	②	③	④
64	①	②	③	④
65	①	②	③	④
66	①	②	③	④
67	①	②	③	④
68	①	②	③	④

問題 12 ★読解
| 69 | ① | ② | ③ | ④ |
| 70 | ① | ② | ③ | ④ |

問題 13 ★読解
71	①	②	③	④
72	①	②	③	④
73	①	②	③	④

問題 14 ★読解
| 74 | ① | ② | ③ | ④ |
| 75 | ① | ② | ③ | ④ |

N2 文法 実戦練習①(UNIT1〜4) 解答用紙

問題 1	
1	① ② ③ ④
2	① ② ③ ④
3	① ② ③ ④
4	① ② ③ ④
5	① ② ③ ④
6	① ② ③ ④
7	① ② ③ ④
8	① ② ③ ④
9	① ② ③ ④
10	① ② ③ ④
11	① ② ③ ④
問題 2	
1	① ② ③ ④
2	① ② ③ ④
3	① ② ③ ④
4	① ② ③ ④
5	① ② ③ ④

6	① ② ③ ④
7	① ② ③ ④
8	① ② ③ ④
問題 3	
1	① ② ③ ④
2	① ② ③ ④
3	① ② ③ ④
4	① ② ③ ④
5	① ② ③ ④
6	① ② ③ ④
7	① ② ③ ④
問題 4	
1	① ② ③ ④
2	① ② ③ ④
3	① ② ③ ④
4	① ② ③ ④
5	① ② ③ ④

N2 文法 第1回模擬試験 解答用紙

問題 1	
1	① ② ③ ④
2	① ② ③ ④
3	① ② ③ ④
4	① ② ③ ④
5	① ② ③ ④
6	① ② ③ ④
7	① ② ③ ④
8	① ② ③ ④
9	① ② ③ ④
10	① ② ③ ④
11	① ② ③ ④
12	① ② ③ ④

問題 2	
13	① ② ③ ④
14	① ② ③ ④
15	① ② ③ ④
16	① ② ③ ④
17	① ② ③ ④
問題 3	
18	① ② ③ ④
19	① ② ③ ④
20	① ② ③ ④
21	① ② ③ ④
22	① ② ③ ④

N2 文法 実戦練習②(UNIT5〜8) 解答用紙

問題 1	
1	① ② ③ ④
2	① ② ③ ④
3	① ② ③ ④
4	① ② ③ ④
5	① ② ③ ④
6	① ② ③ ④
7	① ② ③ ④
8	① ② ③ ④
9	① ② ③ ④
10	① ② ③ ④
11	① ② ③ ④
問題 2	
1	① ② ③ ④
2	① ② ③ ④
3	① ② ③ ④
4	① ② ③ ④
5	① ② ③ ④

6	① ② ③ ④
7	① ② ③ ④
8	① ② ③ ④
問題 3	
1	① ② ③ ④
2	① ② ③ ④
3	① ② ③ ④
4	① ② ③ ④
5	① ② ③ ④
6	① ② ③ ④
7	① ② ③ ④
問題 4	
1	① ② ③ ④
2	① ② ③ ④
3	① ② ③ ④
4	① ② ③ ④
5	① ② ③ ④

N2 文法 第2回模擬試験 解答用紙

問題 1	
1	① ② ③ ④
2	① ② ③ ④
3	① ② ③ ④
4	① ② ③ ④
5	① ② ③ ④
6	① ② ③ ④
7	① ② ③ ④
8	① ② ③ ④
9	① ② ③ ④
10	① ② ③ ④
11	① ② ③ ④
12	① ② ③ ④

問題 2	
13	① ② ③ ④
14	① ② ③ ④
15	① ② ③ ④
16	① ② ③ ④
17	① ② ③ ④
問題 3	
18	① ② ③ ④
19	① ② ③ ④
20	① ② ③ ④
21	① ② ③ ④
22	① ② ③ ④

N2 文法 第3回模擬試験 解答用紙

問題 1	
1	① ② ③ ④
2	① ② ③ ④
3	① ② ③ ④
4	① ② ③ ④
5	① ② ③ ④
6	① ② ③ ④
7	① ② ③ ④
8	① ② ③ ④
9	① ② ③ ④
10	① ② ③ ④
11	① ② ③ ④
12	① ② ③ ④

問題 2	
13	① ② ③ ④
14	① ② ③ ④
15	① ② ③ ④
16	① ② ③ ④
17	① ② ③ ④
問題 3	
18	① ② ③ ④
19	① ② ③ ④
20	① ② ③ ④
21	① ② ③ ④
22	① ② ③ ④

文法項目のさくいん

●あ
- ～あげく(に) 4-1
- ～あまり 3-1
- あまりにも 6-1
- あまりの～に 5-1
- ～以上 2-1
- ～一方(で) 1-2
- ～上で 5-2
- ～(よ)うか～まいか 8-1
- ～(よ)うではないか 5-2
- ～(よ)うものなら 5-2
- ～得る 4-2
- ～得ない 3-1
- ～折に 2-1

●か
- ～が～だけに 6-1
- ～か～ないかのうちに 2-1
- ～かい(が)あって 1-2
- ～限り 2-2
- ～限りでは 8-1
- ～限りは 6-2
- ～がたい 3-1
- ～かと思うと 5-1
- ～かねる 3-2
- ～かのように 5-1
- ～からして 2-1
- ～からすると 1-1
- ～きり 2-2
- ～きれる 4-2
- ～くせに 1-1
- ～くらいなら 7-1
- ～げ 1-1
- ～ことだし 4-2
- ～こととなると 3-1
- ～ことなく 4-1

●さ
- ～ざるを得なかった 6-2
- ～次第 2-1
- ～次第で 7-1
- ～末 6-1
- ～ずじまい 7-2
- ～ずに(は)いられない 2-1

●た
- ～たいものだ 2-2
- ～だけあって 6-1
- ～だけに 4-2
- ～だけのことはある 3-2
- ～だけまし 2-2
- ～っこない 1-2
- ～つつある 3-1
- ～つつも 4-1
- ～っぽい 2-2
- ～て以来 6-1
- ～ている 6-1
- ～てこそ 3-1
- ～てでも 8-2
- ～ては(～ては) 3-1
- ～てはかなわない 6-2
- ～ではないか 7-2
- ～てほしいものだ 3-2
- ～てまで 7-1
- ～てみせる 3-2
- ～てもさしつかえない 6-2
- ～というか～というか 8-1
- ～ということは 5-2
- ～というものだ 3-1
- ～というものでもない 8-2
- ～というものは 1-2
- ～といえば 1-1

～といった	5-1
～とか	4-2
～どころか	6-1
～どころではない	1-2
～ところをみると	7-1
～として～ない	4-1
～となると	7-2
～とはいうものの	4-1

●な

～ない限り	4-1
～ないことには	5-2
～ないこともない	3-2
～ないではいられない	6-2
～ないものか	2-2
～ながら	7-1
～にあたって	8-2
～に応じて	7-2
～における	5-1
～に限って	4-1
～にこしたことはない	5-2
～に応えて	4-1
～に際して(は)	7-2
～に先立って	2-2
～にしたところで	8-2
～にしては	1-1
～にしても	8-2
～にしろ(～にしろ)	3-2
～にすれば	6-2
～に相違ない	5-2
～に沿って	3-2
～につき	4-2
～につけ	6-2
～には及ばない	4-2
～にほかならない	7-2
～にもかかわらず	1-1
～に基づいて	4-2
～抜いて	7-2
～抜きで	8-1
～の上で	8-1

～のことだから	5-1
～のだ	8-1
～のみならず	5-1
～のもとで	7-1

●は

～ばかりか	2-1
～ばかりに	8-1
～はさておき	1-2
～はというと	6-1
～はともかく	2-2
～はもとより	1-2

●ま

～まい	5-2
～までして	8-1
～もかまわず	5-1
～もしない	1-1
～ものがある	8-2
～ものなら	8-2
～ものの	7-1

●や

～やら～やら	2-1

●を

～を契機に	3-2
～を問わず	6-2
～を抜きに	1-2
～をはじめ	7-2
～をはじめとして	7-1
～をめぐって	1-1

●ん

～んだった	8-2

●著者

渡邉亜子（わたなべ　あこ）
　元・明海大学外国語学部日本語科非常勤講師

白石知代（しらいし　ともよ）
　現在、千葉大学国際教育センター非常勤講師

レイアウト・DTP	ポイントライン
カバーデザイン	滝デザイン事務所
翻　　訳	Darryl Jingwen Wee／Chinatsu Kadota／王雪／崔明淑
編集協力	高橋尚子／藤田朋世／野村愛

日本語能力試験問題集　N２文法スピードマスター

平成23年（2011年）　５月10日　　初版第１刷発行
令和６年（2024年）　６月10日　　第11刷発行

著　者　渡邉亜子・白石知代
発行人　福田富与
発行所　有限会社　Ｊリサーチ出版
　　　　〒166-0002　東京都杉並区高円寺北 2-29-14-705
　　　　電話　03(6808)8801(代)　FAX 03(5364)5310
　　　　編集部　03(6808)8806
　　　　https://www.jresearch.co.jp
印刷所　大日本印刷株式会社

ISBN978-4-86392-059-0　　禁無断転載。なお、乱丁、落丁はお取り替えいたします。
© Ako Watanabe, Tomoyo Shiraishi 2011 Printed in Japan

日本語能力試験問題集　N2文法スピードマスター

解答・例文の訳

Answers, Translations of example sentences

解答・例文的翻译

해답・예문 역

解答

●ウォーミングアップ

	第1回	第2回	第3回	第4回	第5回	第6回
1	2	1	4	2	2	4
2	4	4	1	4	1	3
3	1	1	4	1	3	1
4	3	2	1	4	2	4
5	3	1	2	3	3	3
6	4	1	4	3	1	1
7	1	2	1	2	4	4
8	2	3	2	3	3	3
9	3	3	1	1	3	2
10	1	1	4	3	2	1
11	4	1	3	1	2	1
12	3	4	3	4	4	3
13	2	3	2	2	2	4
14	2	2	3	2	3	1
15	4	1	1	4	1	1

	第7回	第8回	第9回	第10回	第11回	第12回
1	3	4	3	3	2	1
2	2	1	1	2	1	2
3	4	2	2	1	4	3
4	1	2	1	3	3	1
5	4	4	3	4	2	4
6	3	2	4	3	1	2
7	2	3	4	4	3	3
8	1	3	3	1	4	4
9	2	1	1	2	4	3
10	4	2	2	3	3	1
11	2	4	3	1	2	3
12	1	1	3	1	1	1
13	3	2	3	2	2	4
14	2	4	4	2	2	3
15	1	1	1	3	3	2

●各ユニットのドリルの答え

UNIT 1-1
〈チャレンジ〉 ①c ②d ③f ④e ⑤g
〈ドリルA〉 1-a 2-b 3-a 4-a 5-b 6-a 7-a 8-b
〈ドリルB〉 1-d 2-c 3-a 4-f 5-b

UNIT 1-2
〈チャレンジ〉 ①a ②g ③b ④f ⑤c
〈ドリルA〉 1-a 2-b 3-b 4-b 5-a 6-a 7-b 8-a
〈ドリルB〉 1-d 2-f 3-a 4-c 5-e
〈ドリルC〉 1-a 2-b 3-b 4-b 5-b 6-b 7-b 8-a
9-a 10-a 11-a 12-a 13-a 14-b 15-a 16-b

UNIT 2-1
〈チャレンジ〉 ①b ②g ③f ④a
〈ドリルA〉 1-b・b 2-b 3-a 4-a 5-b 6-b 7-a 8-a
〈ドリルB〉 1-c 2-e 3-f 4-a 5-b

UNIT 2-2
〈チャレンジ〉 ①f ②h ③c ④e
〈ドリルA〉 1-b 2-b 3-b 4-b 5-b 6-b 7-a 8-b
〈ドリルB〉 1-c 2-e 3-f 4-d 5-a
〈ドリルC〉 1-a 2-b 3-a 4-a 5-a 6-a 7-b 8-b
9-a 10-a 11-b 12-b 13-a 14-b 15-a 16-a

UNIT 3-1
〈チャレンジ〉 ①f ②c ③a ④g ⑤e
〈ドリルA〉 1-b 2-a 3-a 4-b 5-b 6-a・a 7-a 8-a
〈ドリルB〉 1-c 2-b 3-e 4-a 5-f

UNIT 3-2
〈チャレンジ〉 ①e ②c ③a ④h ⑤d

UNIT 3-2 (続き)
〈ドリルA〉 1-a·a 2-b 3-a 4-a 5-a 6-b 7-a 8-b
〈ドリルB〉 1-c 2-f·f 3-b 4-a 5-d
〈ドリルC〉 1-a 2-a·b 3-b 4-b 5-a 6-b 7-a 8-a
9-a 10-a 11-b 12-b 13-b 14-a 15-a 16-b

UNIT 4-1
〈チャレンジ〉 ①e ②g ③d ④f ⑤b
〈ドリルA〉 1-a 2-a 3-a 4-a 5-b 6-a 7-b 8-a
〈ドリルB〉 1-a 2-f 3-d 4-b 5-c

UNIT 4-2
〈チャレンジ〉 ①c ②d ③a ④b ⑤g
〈ドリルA〉 1-b 2-a 3-b 4-b 5-a 6-b 7-a 8-b
〈ドリルB〉 1-f 2-a 3-c 4-b 5-e
〈ドリルC〉 1-a 2-a 3-b 4-a 5-b 6-b 7-a 8-b
9-b 10-a 11-b 12-b 13-a 14-b 15-a 16-a

UNIT 5-1
〈チャレンジ〉 ①c ②d ③b ④a ⑤f
〈ドリルA〉 1-a 2-b 3-a 4-b 5-a 6-a 7-b 8-b
〈ドリルB〉 1-c 2-e 3-d 4-f 5-a

UNIT 5-2
〈チャレンジ〉 ①g ②h ③b ④f ⑤a
〈ドリルA〉 1-a 2-a 3-a 4-b 5-b 6-a 7-b 8-b
〈ドリルB〉 1-d 2-e 3-f 4-b 5-a
〈ドリルC〉 1-b 2-a 3-b 4-a 5-b 6-a 7-a 8-b
9-a 10-a 11-b 12-a 13-a 14-b 15-a 16-a

UNIT 6-1
〈チャレンジ〉 ①e ②b ③g ④f ⑤d

⟨ドリルA⟩　1-b　2-a　3-a　4-a　5-b　6-a　7-a　8-b
⟨ドリルB⟩　1-c　2-e　3-b　4-d　5-a

UNIT 6-2
⟨チャレンジ⟩　①e　②f　③b　④a　⑤c
⟨ドリルA⟩　1-b　2-a　3-a　4-a　5-a　6-b　7-a　8-b
⟨ドリルB⟩　1-d　2-e　3-b　4-f　5-a
⟨ドリルC⟩　1-b　2-a　3-a　4-b　5-a　6-a　7-a　8-b
　　　　　　9-a　10-a　11-a　12-b　13-a　14-b　15-b　16-a

UNIT 7-1
⟨チャレンジ⟩　①b　②e　③a　④d　⑤c
⟨ドリルA⟩　1-a　2-a　3-b　4-b　5-b　6-a　7-a　8-a
⟨ドリルB⟩　1-c　2-f　3-a　4-b　5-d

UNIT 7-2
⟨チャレンジ⟩　①d　②b　③a　④e　⑤c

⟨ドリルA⟩　1-a　2-b　3-a　4-b　5-a　6-b　7-b　8-a
⟨ドリルB⟩　1-c　2-a　3-d　4-f　5-e
⟨ドリルC⟩　1-b　2-a　3-a　4-a　5-a　6-a　7-b　8-a
　　　　　　9-a　10-b　11-a　12-a　13-a　14-b　15-a　16-b

UNIT 8-1
⟨チャレンジ⟩　①e　②b　③d　④a　⑤c
⟨ドリルA⟩　1-b　2-b　3-a　4-a　5-b　6-a　7-b　8-a
⟨ドリルB⟩　1-b　2-d　3-f　4-a　5-e

UNIT 8-2
⟨チャレンジ⟩　①a　②f　③c　④e　⑤b
⟨ドリルA⟩　1-b　2-a　3-b　4-a　5-a　6-a　7-a　8-b
⟨ドリルB⟩　1-f　2-a　3-d　4-b　5-e
⟨ドリルC⟩　1-a　2-a　3-b　4-b　5-a　6-b　7-b　8-a
　　　　　　9-b　10-a　11-a　12-a　13-a　14-a　15-a　16-b

●実戦練習の答え

⟨1～4⟩

問題1		5	2	10	1	3	4	8	2	4	2	1	2
1	4	6	3	11	3	4	2	問題3		5	3	2	2
2	2	7	2	問題2		5	4	1	1	6	1	3	2
3	1	8	1	1	4	6	2	2	2	7	2	4	1
4	4	9	1	2	1	7	4	3	3	問題4		5	4

⟨5～8⟩

問題1		5	2	10	3	3	3	8	4	4	1	1	3
1	2	6	4	11	1	4	2	問題3		5	1	2	1
2	3	7	2	問題2		5	1	1	3	6	2	3	2
3	4	8	3	1	4	6	2	2	4	7	4	4	2
4	3	9	1	2	1	7	4	3	3	問題4		5	4

●模擬試験の答え

⟨第1回⟩

問題1		5	1	10	2	14	3	18	2
1	1	6	3	11	4	15	1	19	4
2	3	7	4	12	1	16	3	20	1
3	4	8	3	問題2		17	3	21	4
4	2	9	4	13	4	問題3		22	3

⟨第2回⟩

問題1		5	3	10	4	14	3	18	3
1	4	6	1	11	2	15	1	19	1
2	3	7	4	12	1	16	3	20	2
3	1	8	3	問題2		17	1	21	3
4	3	9	4	13	1	問題3		22	2

⟨第3回⟩

問題1		5	4	10	4	14	2	18	4
1	2	6	2	11	1	15	4	19	1
2	4	7	1	12	4	16	1	20	2
3	1	8	1	問題2		17	3	21	3
4	2	9	2	13	3	問題3		22	1

例文の訳

■ English

UNIT 1-1

□ ～からすると
Judging from the name, it's probably a woman.

□ ～くせに
Don't cry like a girl over something like this!

□ ～げ
Everyone sang and danced happily.

□ ～といえば
One of Japan's most famous tourist spots is Mount Fuji.

□ ～にしては
You're really good for a first-timer.

□ ～にもかかわらず
Lots of people came in spite of the rain.

□ ～もしない
I'd appreciate it if you didn't make all these pessimistic comments without even knowing the facts.

□ ～をめぐって
The two countries continued to wage a long conflict over the issue of national borders.

① ～といえば
1. Sushi is one of the most well-known Japanese foods.
2. Carnations are the first thing that come to mind for Mother's Day, but other types of flowers make fine choices, too.
3. A: I saw Mount Fuji from the train window this morning. It was beautiful.
   B: Oh yeah? Speaking of which, Tanaka-san said he's going to climb Mount Fuji next month.

② ～にもかかわらず
1. There are some people who can't write basic kanji despite being in university.
2. Even though my friend had better grades than me, she wasn't able to perform well in the actual exam and ended up failing it.
3. (at a ceremony, etc) Thank you very much for coming despite your busy schedule.

③ ～をめぐって
1. (news) Party A and Party B are waging an intense battle in parliament over the national budget.
2. The final selection race will be held over the Olympic representatives.

④ ～にしては
1. A: He usually dresses quite flamboyantly, but Mori-san's outfit today is really subdued.
   B: He said he's going to a part-time job interview today.
2. Those kids look pretty mature for high school students, but when you try talking to them, it's clear that they're still kids.
3. This is a Picasso painting? It's kind of pedestrian for a Picasso.

⑤ ～げ
1. A: I wonder if that dog's lost?
   B: I don't know about that, but it's looking this way with sad eyes.
2. (news) Japan made their way to a secure victory in the first match of the tournament.
3. A: I helped Tanaka-san out, but he didn't even say a single word of thanks.
   B: Not even a word?! That's really cold of him.

⑥ ～からすると
1. A: I wonder who this postcard is from?
   B: Judging from the rounded handwriting, it's probably Yamada-san.
2. A: The results of the examination were released yesterday, weren't they? I wonder how Hayashi-san did.
   B: Judging from how she looks, she probably didn't do very well, don't you think?

⑦ ～もしない
1. You're going to fall sick if you keep playing those computer games without stopping for meals.
2. A: I made a bad decision. This shirt is a bit too loud.
   B: That's because you always buy stuff without looking at it closely.
3. You're going to give up at the start without even making an effort to see if you can do it?

⑧ ～くせに
1. A: When did the Edo period start?
   B: You're a college student and you don't even know that?
2. A: Sorry, I'm only going to be home at around 10 tonight, so go ahead and eat first.
3. B: Again?! But you said you were going to be back early today!

UNIT 1-2

□ ～一方（で）
My room just keeps on getting smaller and smaller with all the stuff that I'm accumulating.

□ ～かい（が）あって
All that effort finally paid off – I passed the exam.

□ ～っこない
I'll never be able to memorize so many kanji in one day.

□ ～というものは
Money can sometimes change the way people behave.

□ ～どころではない
Karaoke? Sorry, don't have the time for that now — I'm sitting for an exam tomorrow.

□ ～はさておき
The price aside, it was a really delicious meal.

☐ ～はもとより
The cooking was fabulous, and the service was excellent, too.
☐ ～を抜きに
We can't do the job without the support of Company A.

⑨ ～一方（で）
① A: The number of young people in this town has also decreased—it's become full of just old people.
B: Yeah. The number of shops and restaurants keeps falling too. I wonder what's going to become of the place in the future.
② A: I wonder if they'll build a library in my neighborhood, too.
B: There's no chance. Apparently, the municipal debt keeps getting bigger and bigger every year.
③ The performing skills of this orchestra are improving, but their expressiveness has been suffering.

⑩ ～どころではない
① A: Hey, why don't we go check out the sales tomorrow?
B: Sorry, no time for that right now—I have an exam next week.
② A: Let's go out and see the cherry blossoms this weekend. The weather's going to be good, I think.
B: Sorry, I don't have the time for hanami at the moment. I have to hand in my paper soon.

⑪ ～はさておき
① Content aside, I think the title of this book is fantastic.
② A: Japan's really gotten their act together recently.
B: Yeah. Whether or not they'll win is another matter entirely, but I think they'll put up another good fight today.
③ (at a party) Jokes aside, I'd like to get started right away.

⑫ ～はもとより
① Not only is the food here great, the view is awesome, too.
② He has been hospitalized for a year. It has been tough not only for him but also for entire family.

⑬ ～を抜きに
① Any future analysis of the Japanese economy will have to take into account the consumption tax issue.
② A: Carlos not being able to play in the match – that's huge!
B: Yeah. The team won't be able to win without him.

⑭ ～っこない
① A: Japan's up against Brazil in the first match.
B: Brazil?! Weren't they the champions last time? Japan doesn't stand a chance.
② You're not going to be able to carry that table by yourself. Let's move it together.
③ Me, give a lecture? I'm not qualified to do that.

⑮ ～というものは
① Children learn by imitating their parents.
② Life never goes according to plan.

⑯ ～かい（が）あって
① It's been a rough three months, but all that effort I made trying to eat less and get more exercise finally paid off – I've lost 10 kg!
② A: Isn't it great that we managed to see so many paintings for real?
B: Yeah. Coming all this way to Italy has been really worth it.

UNIT 2-1

☐ ～以上
Since I said that I'd give it a try, I intend to stick with it until the end.
☐ ～折に
Please drop by when you are in Tokyo.
☐ ～からして
You can tell he's angry by looking at his face.
☐ ～次第
I'll let you know as soon as we know the details.
☐ ～ずに（は）いられない
It was a little expensive, but I can't stop buying it.
☐ ～か～ないかのうちに
She broke into tears just as I had finished saying it.
☐ ～ばかりか
Not only is the job at my current company uninteresting, the pay is also low.
☐ ～やら～やら
I'm really busy this month, what with all these businesss trips and moving house.

① ～やら～やら
① A: How is the team doing?
B: We're kind of in a bind at the moment—many athletes can't play their matches, what with all these injuries and the flu going around,
② It's been a long day—I lost my wallet, and my boss got angry with me.
③ A: Are you free for a meeting this afternoon?
B: Not today, what with the meeting and the workshop for new trainees. I can make it tomorrow, though.

② ～か～ないかのうちに
① (someone who saw the fire) I heard this loud booming noise, and the next minute a fire had broken out.
② He dropped everything and dashed out of the factory as soon as the five o'clock bell rang.

③ ～ばかりか
① Tofu is not just rich in protein, it also contains lots of vitamins.
② A: Our manager's been really annoyed recently.
B: Really? He's been yelling not just at his subordinates, but also the delivery people.

④ ～ずに（は）いられない
① (about a film)
A: Are you crying?
B: I couldn't keep myself from sobbing when I saw that last scene!
② A: What's up? You're smiling to yourself.
B: I can't stop myself from smiling when I think about

how our teacher looked back then.

⑤ 〜以上
1. A: Were you serious when you said that you were going to take me to Hawaii?
   B: Of course. It was a promise, so that's what I intend to do.
2. I took on the job, so I'm going to do it and bear the full responsibility.
3. You can't cancel the contract once you've signed it.

⑥ 〜折に
1. I spoke to Mori-sensei at the party the other day.
2. A: I'll borrow your umbrella and come back to return it soon.
   B: Oh, don't worry about it. You can return it anytime – at next month's meeting, even.

⑦ 〜からして
1. A: They say this shop was built 150 years ago.
   B: I see. That is why even the atmosphere is different from the ordinary shop.
2. A: Yamada-san's changed since getting married.
   B: Yeah, he's become a lot gentler. His manner of speaking is completely different.

⑧ 〜次第
1. (news) An earthquake hit the Kanto region a little while ago. We will bring you more detailed information as soon as it becomes available.
2. A: Excuse me, when will the goods arrive?
   B: I'm sorry, would you mind waiting a little longer? We'll inform you as soon as we know.

UNIT 2-2

☐ 〜限り
This cough is not going to stop unless you quit smoking.

☐ 〜きり
The last time I wore this kimono was two years ago.

☐ 〜たいものだ
I sometimes feel like taking a leisurely trip for a week or so.

☐ 〜だけまし
It's a really hard, narrow bed, but at least I can sleep on it.

☐ 〜っぽい
He's just a high school student, but really mature.

☐ 〜ないものか
I wonder if there isn't a way to explain this more easily.

☐ 〜に先立って
There will be performances of the two countries' national anthems prior to the match.

☐ 〜はともかく
Content aside, there are just too many typos.

⑨ 〜限り
1. This cough won't stop unless you quit smoking. Please take this opportunity to make an effort to quit.
2. A: I wonder if we'll ever be able to get by without having to ride those packed trains.
   B: I think it'll be tough as long as you stay with your current company.

3. A: Is he single?
   B: As far as I know, he's living with someone, but they're not married.

⑩ 〜たいものだ
1. I'd like to try staying at a luxury hotel like this.
2. I work really hard, so it'd be nice if they raised my salary a bit.

⑪ 〜ないものか
1. A: I wonder if there isn't an easier way to make curry rice.
   B: You always want to have it easy.
2. A: This place is always packed.
   B: Yeah. I wonder if it'll ever get any better.

⑫ 〜はともかく
1. Whatever the result is, it's important to give it all you've got until the very end.
2. Let's eat here—I don't know whether it's any good, but it looks like we can get our food quickly.

⑬ 〜だけまし
1. A: I've only taken one vacation so far this year.
   B: Count yourself lucky that you can even go! I haven't been anywhere yet.
2. A: I somehow managed to get us some reserved seats, but the only ones remaining were these ones right at the end. Is that OK?
   B: Of course. I'm happy just to get a seat at all.

⑭ 〜きり
1. I've only had a glass of water since I was hospitalized—I still haven't had anything to eat.
2. A: Have you met Yamada-san recently?
   B: I only met him at a meeting two months ago, and haven't seen him at all since.
3. The last time I wore this kimono was two years ago.

⑮ 〜に先立って
1. The team members were introduced to each other prior to the meeting.
2. The rules will be explained prior to the start of the match.

⑯ 〜っぽい
1. My younger brother gets bored easily—he always wants to move on to something new.
2. A: How about this T-shirt? She likes cats, so she might fancy this.
   B: Mmm. It's nice, but don't you think it's a little juvenile?
3. Maybe I'm just getting old, but I tend to forget things easily these days—people's names, small things that I need to do, stuff like that.

UNIT 3-1

☐ 〜あまり
I forgot to take photos amid all the excitement.

☐ 〜得ない
It would be inconceivable for me to win a prize.

☐ 〜がたい
The experience of training together with everyone for the past three years has given me many unforgettable memories.

□ ～こととなると
I'm more worried about the children than I am about myself.
□ ～つつある
The economy has been picking up slowly since the start of this year.
□ ～てこそ
You can only convey to somebody how you really feel by writing it in your own words.
□ ～ては（～ては）
The paper tore as I was writing, erasing and rewriting my words over and over again.
□ ～というものだ
There will always be bad times along with the good ones. That's life!

① ～がたい
  ■ (while tidying up a room)
    This was really expensive, so it would be a waste to toss it…and this was a present from my friend, so I can't bring myself to throw it away. I can't bear to part with either!
  ■ (while moving house) I've lived here for many years, so I can't really bring myself to leave.

② ～得ない
  ■ -while using a change machine)
    A: That's weird. I'm short of ¥100.
    B: That's not possible. Count the money more carefully.
  ■ Although this was an event that nobody could have predicted, everyone has shaken it off and calmed down now.

③ ～あまり
  ■ My mother fell sick worrying about me.
  ■ Our teacher took a temporary break from work when she fell into a state of sorrow after the death of her dog.

④ ～こととなると
  ■ He's usually kind of reticent, but he starts to chatter away all of a sudden when it comes to mountain climbing.
  ■ Making your own lunch is healthier and saves you money, but it could be tough if you did it every day.

⑤ ～つつある
  ■ A week has passed since the accident, and the cause is just becoming clear.
  ■ The number of young people who are not interested in cars has been growing.

⑥ ～ては（～ては）
  ■ Tokyo has been seeing really fickle weather of late—the rain keeps coming and going every single day.
  ■ Whenever ABC Publishing puts out a new book, it becomes a bestseller.

⑦ ～てこそ
  ■ (cookery program)
    Whatever cuisine you plan on making, it all starts with the selection of your ingredients. You can only draw out the best flavors from each dish if your ingredients are fresh.
  ■ You should take on a variety of challenges when you're young. You might fail multiple times, but that's the only way you'll learn anything – by experiencing things for yourself.

⑧ ～というものだ
  ■ A: Hara-san hasn't been able to play any matches due to his injuries, but he's our most fervent supporter.
    B: That's how a leader is.
  ■ A: He's still a kid. Imagine how the poor boy is feeling when you lose your temper like that.
    B: Giving your child a stern dressing-down when he does something wrong is a sign of a parent's love for him.

UNIT 3-2

□ ～かねる
We're still trying to decide if we should fly or take the bullet train.
□ ～だけのことはある
Your time studying abroad was really worth it—you speak wonderful English.
□ ～てほしいものだ
I really hope he'll give his best.
□ ～てみせる
I'll show you this time—we're going to win for sure.
□ ～ないこともない
Our opponents are strong, but if we go all out, we can probably beat them.
□ ～にしろ（～にしろ）
Everyone's opposed to our wedding, whether it's our parents or our friends.
□ ～に沿って
The station is straight ahead along this river.
□ ～を契機に
This incident has prompted me to pay more attention to how I can maintain my health from now on.

⑨ ～にしろ（～にしろ）
  ■ You should let one of your parents know, whether it's your father or your mother.
  ■ Let's have a look at how much it costs anyway, whether we're buying or not.

⑩ ～に沿って
  ■ If you follow the tracks and go straight along this road, you'll see a Chinese restaurant on your left.
  ■ A: This place is packed. I wonder if it's someone famous?
    B: With all those policemen standing in a row along the passageway, I'll bet it's some great person from a foreign country.

⑪ ～かねる
  ■ (explanatory text) We are unable to respond to email inquiries without names and addresses.
  ■ 客: Do you think I'll be able to get tickets for the ABC concert if I wait in line an hour before they go on sale tomorrow?
    店員: I'm sorry, I can't tell you for sure. We expect a very high demand for them.

⑫ ～ないこともない
  ① You can make it using a frying pan, but if you have a pot, that would work better.
  ② A: They told you that it's dangerous for a woman to travel there alone?
     B: Yeah. I can see what they mean, but I still think they're worrying too much.
⑬ ～てほしいものだ
  ① (said by a father) You're already a high school senior, so I'd appreciate it if you hit the books a little more and not just play soccer all day.
  ② A: Gasoline prices are much higher than they were last year, aren't they?
     B: Yeah. It would be nice if they went down a little.
⑭ ～だけのことはある
  ① A: These Italian-made shoes cost ¥100,000.
     B: Wow. There's a reason they're so expensive – both the shape and color are exquisite.
  ② Aoki-san, your study abroad stint in Canada was really worthwhile — you speak wonderful English.
⑮ ～てみせる
  ① How do you dance the samba? Please show me how it's done.
  ② I'll show you the next time — I'm definitely going to pass the exam.
⑯ ～を契機に
  ① Lots of shops and restaurants opened after they built the bullet train station, and the area in front of it is now buzzing with activity.
  ② They're going to raise the price of cigarettes soon, so I decided to quit smoking.

UNIT 4-1

□ ～あげく(に)
Not only was I at a loss for an answer, I blurted out something stupid.

□ ～ことなく
I decided on this apartment without hesitating because it met all my conditions perfectly.

□ ～つつも
I keep intending to wake up earlier, but I keep going to bed late.

□ ～として～ない
We tried to recruit interested parties, but not one person raised their hand.

□ ～とはいうものの
They say it won't pose any health problems, but I'm worried about whether that's really true.

□ ～ない限り
It won't sell unless they lower the prices a bit more.

□ ～に限って
Apparently you can see Mount Fuji from here, but it's cloudy today.

□ ～に応えて
He played really well, just as his fans expected.

① ～ことなく
  ① During the exam, please make sure to remain calm and answer all the questions without getting flustered.
  ② Although this was an extremely dangerous operation, we were able to complete it without anyone getting injured.
② ～あげく(に)
  ① I decided to go on to graduate school after much agonizing.
  ② After being made to wait for two hours, the match was postponed in the end.
  ③ After getting all worried, he ended up borrowing money from his boss at the company.
③ ～つつも
  ① I ran all the way there in desperation, despite having almost given up on making it in time.
  ② I'm trying to bring myself to study, but I'm worried about her, so I can't get any work done.
  ③ Even though my leg is getting better, it's going to take another six months before I can run again.
④ ～に限って
  ① A: Where's Yamada-san? Maybe she got the date wrong?
     B: No, I don't think that would happen to her.
  ② Damn. This sort of thing always happens when I'm in a hurry.
⑤ ～として～ない
  ① It's been ten years since the incident, but I can't get through a single day without thinking about it.
  ② Many researchers have tried to solve this conundrum, but not a single one has succeeded.
⑥ ～とはいうものの
  ① The cold weather isn't going away even though it's already March.
  ② Even though the fire at the factory didn't end up becoming too serious, it made all the neighboring residents extremely anxious.
  ③ It doesn't matter if we win or lose. Having said that, though, I'd be disappointed if we'd lose.
⑦ ～ない限り
  ① The sort of life you lead now isn't going to change unless you leave your current company.
  ② He was told that the cancer is growing, so there's little hope unless he opts for surgery.
⑧ ～に応えて
  ① The university extended the library's opening hours in response to requests from students.
  ② In response to their demands, an initiative to increase the amount of green space throughout the city has begun.

UNIT 4-2

□ ～得る
This sort of incident could also happen in Japan.

□ ～きれる
I can't eat all of this by myself.

- □ ～ことだし
I don't have any money anyway, so I'm going to go straight home without stopping along the way.
- □ ～だけに
The election system is a large-scale national problem and can't be changed so easily.
- □ ～とか
Why don't we go to a nearby hot spring resort like Hakone?
- □ ～につき
(notice) Due to construction work, entry is not allowed.
- □ ～には及ばない
There are staff members on hand, so there's no need to worry. Please put your mind at ease.
- □ ～に基づいて
Which laws are this construction project based on?

⑨ ～得る
- ① A: I don't like my own personality—it is possible to change it?
  B: Our personalities can be changed, but you need to have a strong will in order to do so.
- ② A: Does Japan stand a chance at winning?
  B: Yes, it's possible. / No, that's impossible.

⑩ ～に基づいて
- ① Salaries for civil servants are decided according to certain laws.
- ② The destination for this company trip was decided based on the results of an internal survey.

⑪ ～だけに
- ① A: Today's concert was really good.
  B: Yeah. I was all the more impressed because I haven't been to a performance in a hall like this in a while.
- ② A: Yamada-san said he broke his leg and will be coming to work in a wheelchair for a while.
  B: Really? It's going to be even tougher for him since he has to change trains and buses several times.

⑫ ～とか
- ① A: Is Tanaka-san off today?
  B: He's not here? Oh, that's right, he said he was feeling a bit run-down yesterday.
- ② (letter) How have you been? Everyone here is doing fine. I heard from Hara-san that you'll be coming to Kyoto next month. Please drop by our place as well if you have the time.

⑬ ～ことだし
- ① (from a father to his son) Both Mom and Maki aren't around today, so why don't we go out for dinner tonight?
- ② A: What should I do? I'm not going to be able to hand in my paper on time. I'm not feeling so good, either—maybe I should ask if I can take a break from my part-time job tomorrow.
  B: Why don't you do that?

⑭ ～につき
- ① (poster at the entrance) The revolving door is out of order. Please use the entrance on the left.
- ② (explanatory text) Manufacture of this product is currently halted. It is not available for purchase.

⑮ ～には及ばない
- ① A: I'm thinking of coming to return the umbrella that I borrowed the other day. When would a convenient time be for you?
  B: You don't have to. You can just bring it with you the next time you visit.
- ② A: Should I go for surgery?
  B: No, no, that won't be necessary. It will get better with the medication.

⑯ ～きれる
- ① A: Excuse me, do you have the May issue of ABC?
  B: I'm sorry, we're all sold out. A new batch will come in tomorrow.
- ② I have lots that I want to say—I won't be able to finish writing everything on this one sheet of paper.

UNIT 5-1

- □ あまりの～に
I quickly took off my coat in the extreme heat.
- □ ～かと思うと
As soon as I thought the baby was crying, it started to laugh. Its mood swings are really extreme.
- □ ～かのように
The area around his eyes was all swollen, just as if he'd been in a fight.
- □ ～における
(exam question) What are your opinions on the current educational problems facing Japan at the moment?
- □ ～といった
He performs at various music events, crossing between genres like rock or jazz.
- □ ～のことだから
She's such a serious, diligent person, I'm sure everyone at her workplace trusts her, too.
- □ ～のみならず
This film created a sensation not just in Japan, but also abroad.
- □ ～もかまわず
They kissed even though everyone was looking

① ～かのように
- ① (advertisement) This game offers you a realistic experience, just as if you were driving a real train.
- ② My friend was positively stunning in her wedding dress—she looked as if she was wrapped in a radiant glow.

② ～もかまわず
- ① You see lots of young women on the trains recently who have no qualms about putting on their makeup in full view of the public.
- ② That man dashed into the fire and saved the old woman without paying any attention to the surrounding people who were trying to stop him.

③ ～かと思うと
- ① Why don't you take an umbrella along? It's that time of year when the rain comes along all of a sudden just when

you think it's going be sunny.

② Dad seems really busy, even though it's Sunday. He went out again just when I thought he'd just come back.

④ ～のみならず

① (advertisement) Everyone needs proper skincare these days — not just women, but men too.

② A: Apparently, Company B is also planning to launch a new product next month.
B: Really? Not just Company A, but Company B too? I guess we're going to have to get our act together, too.

⑤ ～といった

① I've been mainly travelling around countries in Asia like Thailand, China and Malaysia, taking photos in each.

② People who live in condominiums that don't allow dogs and cats often keep smaller animals like rabbits and hamsters.

⑥ あまりの～に

① I was shocked at the company president's utter lack of responsibility — he hasn't reflected on the accident at all!

② Production of Fuji's new electric car apparently hasn't been able to keep up with the staggering demand.

⑦ ～における

① Due to the vehicle crash inside the tunnel, traffic is currently held up for up to 5km.

② China's GDP for 2010 increased by 10.3% compared with last year, confirming it as the world's second largest economy.

⑧ ～のことだから

① "Aoki-san isn't here yet." "Well, you know how she is. I wouldn't be worried."

② "Why don't you get Hara-san to translate that?" "Good idea. She's good at English, so she can probably finish it within an hour or so."

UNIT 5-2

□ ～上で
You can give me your reply by next Monday. Please decide what you'd like to do after thinking it over carefully.

□ ～ということは
A 30% discount means something that costs ¥20,000 will be ¥6,000 cheaper.

□ ～ないことには
I can't put anything here, so that I won't have to clean this place up.

□ ～にこしたことはない
There's nothing better than being able to live without pain or hardship.

□ ～に相違ない
It was confirmed that the documents they discovered were indeed from that era.

□ ～（よ）うではないか
We can conserve the natural environment on this island if we work together.

□ ～（よ）うものなら
The manager is really strict — he'll be furious if you're late or something.

□ ～まい
Whatever happens, I'm not going to make any excuses.

⑨ ～ないことには

① We can't get this party started if those two aren't here.

② A: What do you think? Can it be fixed?
B: Hmm, I can't tell unless I give it a try.

⑩ ～（よ）うものなら

① My dog barks really fiercely at anything outside that makes even the slightest noise.

② A: This paper is really tough. It makes me want to lift material from someone else's thesis posted online.
B: I know how you feel, but if you do that, you'll definitely be denied credit for the course.

⑪ ～上で

① There are the children to consider, too. Why don't you decide if you really want to pursue the divorce after talking it over one more time?

② Proper communication with those around you is important, over and above your own work.

⑫ ～ということは

① Keeping an animal as a pet is not just fun and games. It also involves difficult responsibilities and a lot of hassle, so you have to be prepared to take all of that on.

② A: I'm sorry, something suddenly came up and I won't be able to go tomorrow.
B: What? That means it'll just be me handling all the preparations tomorrow? Well, OK.

⑬ ～に相違ない

① (trial) A: What has been written here — is this true?
B: Yes, without a doubt.

② I did some research, and it seems that this artwork was definitely painted during that period.

⑭ ～（よ）うではないか

① You came all the way here — don't you feel like living it up a little?

② (from a text) Everyone has their own problems. These problems will not be solved just by thinking about them, however. No matter how painful it may be, you should take it one step at a time.

⑮ ～にこしたことはない

① A: Would it be a good idea to have qualifications when looking for a job?
B: Well, in this day and age, it's best to have them. But you won't necessarily find work just because you're qualified.

② It would be great if nothing actually happens, but just to be on the safe side, I always take out an insurance plan whenever I go on an overseas vacation.

⑯ ～まい

① I promised myself that I would never forget what happened today.

② I thought I'd never touch alcohol ever again, but I had a little to drink that day.

UNIT 6-1

□ あまりにも
I'm happy about being transferred overseas, but I was shocked at how abrupt the news was.

□ ～が～だけに
He really knows how to be grateful for money because he grew up in a poor family.

□ ～末（に）
After getting hopelessly lost, I decided to forget about buying it on that day.

□ ～だけあって
In keeping with everything he says, Tanaka-san is really knowledgeable about wine.

□ ～て以来
I haven't used the air-conditioner once since moving.

□ ～ている
He graduated from the medicine faculty of A University at the tender age of 19.

□ ～どころか
I was so busy that I worked through Saturday and Sunday instead of going on vacation.

□ ～はというと
I was always good at English, but just hopeless when it came to maths.

① ～て以来
1. They said he was the brightest prodigy in the history of the school.
2. A walk every morning has become part of my routine ever since I started keeping the dog.
3. That was the first time I'd met him since I graduated from college.

② ～どころか
1. Even though it's summer, I'm far from losing weight. In fact, I've actually gotten fatter.
2. Far from being able to converse in French, my younger sister can't even speak much English, and yet she went to Paris alone for a holiday.

③ ～末（に）
1. After agonizing about it, I decided to leave the company.
2. He finally won the recognition of his peers after going through a lot of hardship. This year, he was able to open his own store.

④ あまりにも
1. (advertisement for a movie) A beautiful love story filled with sorrow. You won't be able to hold back those tears…
2. I was furious when I heard those utterly irresponsible remarks that the minister made.

⑤ ～だけあって
1. The food was delicious, just as you'd expect from a popular place like that, but I thought it was a little too crowded.
2. He's really strict about his healthcare regime, as you might expect for a sportsman.

⑥ ～はというと
1. Seems there was an earthquake last night. As for me, I was fast asleep and didn't notice at all.
2. In Japan at the time, Buddhism continued to spread among the population.

⑦ ～ている
1. Van Gogh also painted landscapes of Paris.
2. Although this temple was built at the end of the 14th century, it burned down in a fire in 1952 and was subsequently rebuilt.

⑧ ～が～だけに
1. This team has a good goalkeeper, so as you might expect, it's tough to score against them.
2. Because the Scandinavian countries have an advanced social welfare system, a high proportion of their citizens consider themselves happy.

UNIT 6-2

□ ～限りは
We'll be OK as long as we stay here. Don't worry.

□ ～ざるを得ない
He had to take a break from his club activities in order to take the exam.

□ ～てはかなわない
I hope I don't get any complaints over something like this.

□ ～てもさしつかえない
It's no problem at all if you're late by about 5 or 10 minutes.

□ ～ないではいられない
I was worried about the typhoon, so I just had to go and check on my fields.

□ ～にすれば
Even if he was just saying it in jest, she was really hurt.

□ ～につけ
It breaks my heart to hear this sort of sad news.

□ ～を問わず
Lots of tourists visit this island no matter what the season is.

⑨ ～につけ
1. When I see the children making their best efforts to study, I really feel happy that I'm in this job.
2. That customer is a real pain to deal with – always complaining about something or other.

⑩ ～にすれば
1. The noise generated by the airplanes is a huge problem for those living in this area.
2. It might be a trivial issue for you, but that's not the case for other people.

⑪ ～を問わず
1. I'd like to bring together an outstanding, talented team from all over the world, regardless of nationality.
2. I want something that's well-made—the price isn't an issue.

⑫ ～てはかなわない
1. It was just a mistake on the customer's part. God forbid that she blames it on us!

② You can't come over to hang out every time you have a day off!

⑬ ～ざるを得ない
① Around 3% of high school seniors are forced to give up on the idea of going on to university because their lives are difficult.
② I would have to say that this accident was due to problems with national safety management program.

⑭ ～てもさしつかえない
① A: Am I not supposed to drink anything the night before the checkup?
B: It's all right to drink water or tea.
② With this sort of content, there's no harm in broadcasting it as it is.

⑮ ～ないではいられない
① I can't help singing along whenever I hear this song.
② My parents are much older now, so I have no choice but to help out with the housework.

⑯ ～限りは
① (interview with the oldest athlete) I'd like to keep at it as long as I'm in shape.
② We're going hiking according to plan as long as it doesn't rain.

UNIT 7-1

□ ～くらいなら
If you're going to pay money to eat this kind of food, you might as well cook it yourself.

□ ～次第で
Let's decide where to go depending on tomorrow's weather.

□ ～てまで
I wouldn't work so hard until I got sick.

□ ～ところをみると
Judging by the way Wang-san is smiling, I'll bet he passed the exam.

□ ～ながら
My apartment is on the first floor. It's small, but there's a garden attached.

□ ～のもとで
That dog is going to be happy for sure under its new master.

□ ～ものの
We're married, but we're not living together yet.

□ ～をはじめとして
This method has been adopted in many cities including Tokyo.

① ～ながら
① (end of a greeting) It's just a simple gesture, but I would like to offer you this as a token of my heartiest congratulations.
② Our kid is still only 2 years old, but sometimes when we quarrel, he looks worried, even though he's just a child.

② ～をはじめとして
① There are many foreign staff members from China and various other countries at my company.
② Many aspects of traditional Japanese culture such as kabuki emerged and evolved during the Edo period.

③ ～ものの
① Even though we won this time, there are still many issues that the Japanese team needs to address, including their inability to score goals.
② Even though I was doing well at the beginning, my legs suddenly began to feel heavy when I passed the 20km mark and I couldn't continue.

④ ～のもとで
① (expressing thanks) I feel really grateful that I was able to study under you.
② Your personality becomes completely different depending on which parent you were raised by.

⑤ ～ところをみると
① (a mother to her child) Are you done with your homework? Probably not, judging from the way you're keeping quiet. Hurry up and get it done.
② I'll bet the food is delicious, judging from how there's always a line.

⑥ ～次第で
① Things seem good or bad depending on the way you think about them. Let's look at this in a positive light.
② I wonder if we'll be able to get this job done a little faster depending on how we go about it.

⑦ ～くらいなら
① Recently, the number of young people who choose to leave their company rather than be transferred to a rural area seems to be increasing.
② I'd rather die than bow my head to that guy.

⑧ ～てまで
① It's true that the ramen there is delicious, but I wouldn't stand in line to eat it.
② Hiroshi, you didn't come on this vacation to play those computer games, did you?

UNIT 7-2

□ ～に際して（は）
The following things are required when registering.

□ ～に応じて
You can choose from a variety of party plans depending on the number of people.

□ ～をはじめ
16 countries are participating in this tournament, including former champions Brazil.

□ ～抜いて
They have to win the next 5 matches in a row in order to win the tournament.

□ ～にほかならない
I was able to get this job only because of Ishii-sensei's guidance.

□ ～となると
There's no way you can search for a book if you don't know either the title or the author.

□ ～ずじまい
The party last night had a standing buffet, but I kept talking to people and never got around to eating anything.

☐ ～ではないか
Isn't it weird that the elderly have to pay a higher contribution?

⑨ ～抜く
1 The first marathon I ran was tougher than I thought, but I was really happy to be able to run the whole thing.
2 (at a coffee shop) We hope you enjoy the exquisite taste and aroma of this coffee, made using only carefully selected beans of the highest quality.

⑩ ～に応じて
1 At this school, you can choose from among a wide selection of courses appropriate to your objective and level, from introductory courses to those for professional interpreters.
2 If you pay with a credit card, you can accumulate points according to the amount you spend.

⑪ ～に際して（は）
1 Please be sure to bring your admission ticket when you come to the examination.
2 (bulletin board at a university) The following conditions apply when applying for a scholarship. Please make your application after you have verified them carefully.

⑫ ～にほかならない
1 (interview with the champion) We owe this victory to none other than the combined efforts of both the athletes and the staff members, who joined forces and worked together.
2 His successful fight against the cancer was all thanks to the initial early detection.

⑬ ～をはじめ
1 This electronic dictionary supports various languages including English, Spanish and Chinese.
2 I'd like to express my sincerest thanks to my teachers and everyone else who treated me so kindly during my time in Japan.

⑭ ～となると
1 He's normally quite mature, but he suddenly starts to go on and on when it comes to computer games.
2 If Mori-sensei can't come, it might be a good idea to change the date.

⑮ ～ずじまい
1 I really wanted to see Mount Fuji while I was in Japan, but the weather was bad the whole time and I never got around to it.
2 I was looking forward to the long weekend, but I had to write this piece and ended up not being able to go anywhere.

⑯ ～ではないか
1 Isn't it utterly unfair that there are children who want to go to school, but are denied the chance to do so because of economic reasons?
2 I thought I heard something, and then I looked and saw this swallow's nest under the roof that seemed to have come out of nowhere. It gave me a real shock. There were also these really cute swallow chicks.

UNIT 8-1

☐ ～限りでは
Based on what I heard from Hayashi-san, the party will take place as planned.

☐ ～というか～というか
He's a really talkative guy—kind of cheerful I guess, or breezy.

☐ ～抜きで
This survey showed that about 10% of elementary school students come to school having skipped breakfast.

☐ ～の上で
Please call after making sure that you have the correct phone number.

☐ ～のだ
While the lives of human beings have been getting better and more comfortable, many animals and the natural environment have become victims.

☐ ～ばかりに
I'm sorry to have caused everyone so much trouble by not contacting you.

☐ ～までして
I stayed up all night studying, but the questions were totally different from what I expected.

☐ ～（よ）うか～まいか
I couldn't decide if I should say it or not, but in the end, I decided not to.

① ～（よ）うか～まいか
1 It's expensive, so I couldn't decide if I should buy it or not. I decided to buy it in the end, though, because I figured I'd be able to use it for the rest of my life.
2 I agonized over whether I should sleep or not because I had only one hour left and I decided not to sleep at all.

② ～抜きで
1 It's a really beautiful place. I was thinking of coming for pleasure the next time.
2 A: Could I depend on your support in some form or other for our project?
B: If it's to help people who're in trouble, of course. Putting aside the question of money, I'll try to help as much as I can.

③ ～までして
1 "Look at the number of people waiting in line at that restaurant!" "Wow. Personally, I wouldn't wait in line to eat ramen, though."
2 My friend has been skipping meals in order to lose weight, but I wouldn't go all that way just to shed a few pounds.

④ ～のだ
1 Everyone thought that it had made them free.
2 I was able to pass the exam because I studied a little bit every day.
3 A: I think this air-conditioner is broken. There's no cool air blowing at all.
B: What? So that's why it's been hot.

⑤ ～ばかりに
  ❶ I only just carelessly misplaced my cellphone somewhere, so I can't meet my friend now.
  ❷ I'm sorry to have caused everyone all this trouble with all my inadequate explanations.
⑥ ～の上で
  ❶ Construction plans ought to be decided after consulting the neighboring residents.
  ❷ Please check all goods before placing an order and making your purchase.
⑦ ～というか～というか
  ❶ I tried making a gyudon beef bowl by myself, but it was kind of weird. Too salty, maybe, or too sweet.
  ❷ He's kind of a serious guy – too earnest, maybe. He doesn't joke around at all.
⑧ ～限りでは
  ❶ As far as I know, this university is the top institution in terms of research on Japanese literature.
  ❷ Telephone calls to hospital patients are taken from 9am to 9pm. Exceptions will be made in the case of an emergency, however.

UNIT 8-2

□ ～てでも
  If there's anything you don't understand, you should quickly ask even if you're a bit embarrassed.
□ ～というものでもない
  It's not always a matter of winning. What counts is the substance.
□ ～にあたって
  The first thing I did to get started on my job hunt was to talk to my seniors.
□ ～にしたところで
  The original design wasn't very good, so changing the colors didn't really do much to improve things.
□ ～にしても
  Even if you were going to be late in coming, you should have contacted them—just one phone call.
□ ～ものがある
  I feel really sad to know that my favorite store will go out of business.
□ ～ものなら
  If I was going to do it all over again, I'd like to go back and relive my high school days again.
□ ～んだった
  Damn! We were supposed to bring our dictionaries today.

⑨ ～てでも
  ❶ A: Boss, looks like the trains have stopped running.
    B: This is a really important meeting, so we have to go even if we have to walk. Let's forget about the trains and catch a taxi.
  ❷ There is the saying that goes "You should be willing to go through struggles when you are young, even if you have to buy it." I really think that's true.

⑩ ～ものなら
  ❶ I'd like to start my life over again if it were possible.
  ❷ "The preparations look like a lot of work. Why don't you get someone to help you?" "I'd ask someone if I could, but everyone's busy, so it's no use."
⑪ ～というものでもない
  ❶ You won't necessarily be happy just because you have the looks.
  ❷ It would be nice if the cost of living fell, but your problems aren't going to be solved just because everything became cheaper.
⑫ ～にあたって
  ❶ There are several conditions when applying for the scholarship. Please inquire with the office for more details.
  ❷ One important thing to bear in mind when writing your thesis is to make sure you follow the rules for writing it.
⑬ ～ものがある
  ❶ Some of the technology they use for cellphones these days is simply phenomenal.
  ❷ A: This CD is great. The woman's voice is really nice.
    B: Isn't it? There's something about it that draws the listener in.
⑭ ～にしたところで
  ❶ Even the president doesn't know how well this product is going to sell actually.
  ❷ We don't know how many students have obeyed since we banned the use of cellphones.
⑮ ～にしても
  ❶ Even if you're going to apologize, you should do it more sincerely.
  ❷ Even if he is busy, it is not nice to be absent without notice.
⑯ ～んだった
  ❶ A: You still haven't gotten the hotel reservations?
    B: Yeah, they're really packed. If I had known this was going to happen, I would've made the reservation earlier.
  ❷ Ah, we should've left earlier. Then we wouldn't have had to hurry so much.

■中国語

UNIT 1-1

□ ～からすると
从名字来看，可能是女性吧。

□ ～くせに
你是男人，别为这点小事哭啊。

□ ～げ
大家高兴地又唱又跳。

□ ～といえば
说到日本，富士山是很有名的。

□ ～にしては
这对于第一次的人来说，已经很不错了啊。

□ ～にもかかわらず
尽管下雨，还是来了很多人。

□ ～もしない
自己也不是很清楚，就别说不行。

□ ～をめぐって
围绕着国境问题，两国间持续了长年的争斗。

①～といえば
1 要说日本菜，还是寿司有名。
2 要说"母亲节"，立刻会想到康乃馨，不过，其他的花也可以的。
3 A：今天早上从电车的车窗看到了富士山。太美了。
   B：是啊，谈到富士山，听说田中下个月要去爬。

②～にもかかわらず
1 虽然是大学生，但连最基本的汉字都不会写的人也有。
2 尽管朋友比我的成绩好，但是考试中没有拿出自己真正的实力，还是没有及格。
3 （仪式上）
   各位尽管如此繁忙，还出席今天的仪式，对此我们表示无尽的感谢。

③～をめぐって
1 （新闻）国会上，围绕预算问题，A党和B党展开激烈争持。
2 围绕着奥林匹克的代表，展开了最后的比赛。

④～にしては
1 A：平时总是打扮得很花哨的森，今天却穿了非常朴素的衣服。
   B：听说今天去面试打工。
2 那个孩子虽然是高中生，但还是长着一张成人的脸。但听他说话，还是高中生啊。
3 这是毕加索的画？就毕加索而言，这确实一张很普通的画。

⑤～げ
1 A：那条小狗，是不是迷路了啊？
   B：不知道。但好像很悲伤地看着我们这里呢。
2 （新闻）日本在这次毫无悬念的比赛中赢取了第一回合的胜利。
3 A：田中，我帮了他，却一句谢谢都没说过。
   B：一句话都没说！？真是不懂事啊。

⑥～からすると
1 A：这张明信片是谁给的呢？
   B：要说这个圆头字的话，不是山田是谁。
2 A：考试结果是昨天公布的吧？小林的怎样呢？
   B：从他的样子看来，还是不行吧？

⑦～もしない
1 不吃饭老是打游戏，会生病哟。
2 A：真是失败。这件衬衫有点儿太花哨了。
   B：那是你没仔细看就买下来了。
3 能不能成，也不努力，一开始就放弃吗？

⑧～くせに
1 A：江户时代是哪一年啊？
   B：你还是大学生呢，那都不知道吗？

2 A：对不起，今天回去要10点左右了，你先吃吧。
   B：又这样啊！？今天你还说了要早点儿回来呢。

UNIT 1-2

□ ～一方（で）
物品继续增加，房间不断地在变得窄小。

□ ～かい（が）あって
努力有价值，合格了。

□ ～っこない
这么多汉字，一天是怎么也记不住的。

□ ～というものは
金钱这种东西，有时候会改变人。

□ ～どころではない
卡拉ok？对不起，明天考试，不是唱卡拉ok的时候。

□ ～はさておき
不谈价格，味道还是很好。

□ ～はもとより
价格不用说了，服务也非常好。

□ ～を抜きに
没有A公司的帮忙，这个工作就做不了。

⑨～一方（で）
1 A：这条街上的年轻人在慢慢减少，净是老年人了。
   B：是啊。店铺也在一直减少，这以后怎么办啊？
2 A：我家附近也建筑图书馆怎么样啊？
   B：我想不可能。市政府的借款每天好像都一直在增加。
3 这个乐团演奏技术一方面变好了，一方面表现力却很差。

⑩～どころではない
1 A：喂，明天打折去吗？
   B：对不起，下周考试，不是去玩的时候。
2 A：天气好像挺好的，周末，去赏花吗？
   B：不行不行。快到交报告的时间了，不是赏花的时机。

⑪～はさておき
1 且不说这本书的内容，我认为主题非常好。
2 A：日本队最近变强了啊。
   B：是啊，别说能不能获胜，今天就是一场很好的比赛嘛。
3 （晚会上）
   言归正传，现在，今天的晚会正式开始了。

⑫～はもとより
1 这个店的味道不用说，从店里看到的风景也非常优美。
2 住了一年的医院，别说本人了，就连家人也很劳累。

⑬～を抜きに
1 考虑到今后日本的经济，不谈消费税的问题不行了。
2 A：卡路罗斯不参加比赛的话，问题很大啊。
   B：是啊，这个队要是没有他，就没法应战了。

⑭～っこない
1 A：听说日本队的第一次比赛是和巴西队。
   B：和巴西？上次的冠军队吧。不可能赢吧。
2 那张桌子一个人拿不了吧。两人拿吧。
3 让我当讲师？那可不行。

⑮～というものは
1 孩子经常模仿父母。
2 人生不是事事都如意的。

⑯～かい（が）あって
1 虽然辛苦了三个月，但是，减了饭量，另外还有运动的结果，瘦了十公斤。
2 A：能看到真正的画真是不错啊。
   B：是啊。来意大利也值了。

15

UNIT 2-1

- □ ～以上
  既然说了就要做，我就准备坚持到最后。
- □ ～折に
  您来东京的时候，请一定来我这里。
- □ ～からして
  看他那副样子，就知道在生气。
- □ ～次第
  我一知道消息，就马上通知您。
- □ ～ずに（は）いられない
  虽然有点儿贵，但还是不得不买。
- □ ～か～ないかのうちに
  我说着还没说完，她就哭了。
- □ ～ばかりか
  现在的公司，不仅工作没意思，工资也很低。
- □ ～やら～やら
  出差啦、搬家啦，这个月很忙。

① ～やら～やら
  1 主持人：球队的状况怎么样呢？
    教练：又是受伤、又是流行感冒，不能比赛的选手太多了，很为难啊。
  2 今天又掉钱包、又被部长骂了，真不走运。
  3 A：下午能商量一下吗？
    B：今天又是会议、又是新进职员研修会什么的，不行啊。明天的话就没问题。

② ～か～ないかのうちに
  1 （看到火灾的人说）听到"咚—"地一声，还不到一分钟，火势就蔓延出来了。
  2 5点的铃刚一响还没响完，他就停下了手上的工作，跑出了工厂。

③ ～ばかりか
  1 豆腐不仅含有很多蛋白质，还含有丰富的维生素。
  2 A：科长最近很烦躁啊。
    B：是啊，不仅对下属，对投递员都大声吼叫。

④ ～ずに（は）いられない
  1 （关于电影）
    A：在哭啊？
    B：嗯，看了最后的那个场面，就忍不住哭了。
  2 A：为什么一个人笑呢？
    B：想起那时老师的样子，就忍不住笑。

⑤ ～以上
  1 A：上次你说带我去夏威夷是真的吗？
    B：当然是真的。既然都约好了，我就有这种打算。
  2 既然接受了，我就有责任做好。
  3 既然都签好了约，就不能简单地取消。

⑥ ～折に
  1 和森老师在前几天聚会的时候说了说话。
  2 A：那我借用一下伞了。一会儿就还回来。
    B：啊，什么时候还都没关系。下月开会的时候再还吧。

⑦ ～からして
  1 A：这个店，听说150年前就创立了。
    B：确实啊，从气氛上看就有些不太一样。
  2 A：山田结婚后变了个人啊。
    B：是啊，变得温柔了。从言谈举止上，就和以前完全不一样了。

⑧ ～次第
  1 （新闻）刚才关东地区发生了地震。一旦收到新的情况，我们将随即在节目中报导。
  2 A：对不起，商品什么时候进货啊？
    B：不好意思，请再等一下。我们一进货，就马上通知您。

UNIT 2-2

- □ ～限り
  只要不戒烟，就不能止住咳嗽。
- □ ～きり
  这件和服两年前只穿过一次。
- □ ～たいものだ
  真想偶尔去惬意地旅行一周左右。
- □ ～だけまし
  虽然是又硬又窄的床，不过（有地方）能睡就不错了。
- □ ～っぽい
  还是高中生，就像成人一样。
- □ ～ないものか
  能更简单地说明一下吗？
- □ ～に先立って
  比赛之前，先演奏两国的国歌。
- □ ～はともかく
  不说内容，这个字的错误就太多了。

⑨ ～限り
  1 只要不戒烟，就不能止咳。借这个机会，好好努力吧。
  2 A：要是不用坐满员电车就好了。
    B：只要是在现在的公司工作，就很难。
  3 A：他还是单身吗？
    B：就我所知道的，他现在好像和谁住在一起，但是没结婚。

⑩ ～たいものだ
  1 真想住一次高级酒店啊。
  2 这么辛勤劳动，真希望能把工资给涨一下。

⑪ ～ないものか
  1 A：咖喱饭能做得更简单一些吗？
    B：你就放轻松一些吧。
  2 A：这里总是人多啊。
    B：是啊，不能想想什么办法吗。

⑫ ～はともかく
  1 不管结果如何，竭尽全力坚持到最后是很重要的。
  2 不管味道如何，看来这里马上就能吃到东西，就选这里吧。

⑬ ～だけまし
  1 A：今天只是履行了一次。
    B：能去就算不错，我还没去过呢！
  2 A：设法得到了指定席的票，不过只有边上的。行吗？
    B：当然，能坐着都不错了。

⑭ ～きり
  1 住院后只喝过一杯水，还什么也没吃。
  2 A：最近见到山田了吗？
    B：两个月前开会时见过后就再也没见过。
  3 这件和服两年前只穿过一次。

⑮ ～に先立って
  1 会议开始之前，先介绍了成员。
  2 比赛开始之前，先进行规则的说明。

⑯ ～っぽい
  1 弟弟没有常性，很快就喜新厌旧。
  2 A：这件T恤衫怎么样？她喜欢猫嘛。
    B：嗯，挺可爱的，不过，会不会太孩子气？
  3 是不是因为上年纪的缘故，最近容易遗忘。比如人名之类的，还有一些小事情什么的。

UNIT 3-1

- □ ～あまり
  兴奋之余，忘记拍照了。
- □ ～得ない
  我能获奖，不可能。

- □ ～がたい
三年来，每天都和大家一起练习，这是难忘的回忆。
- □ ～こととなると
只要是孩子的事情，就会比担心自己的事情更担心。
- □ ～つつある
进入今年，也慢慢地变得更景气了。
- □ ～てこそ
只有用自己的语言来写，才能向对方表达自己的心情。
- □ ～ては（～ては）
写了擦，擦了写，纸都弄破了。
- □ ～というものだ
既有快乐的时刻，也有悲伤的时刻。这就是人生。

① ～がたい
1 (一边整理房间) 这个太贵了可惜了，这个是朋友给的，扔掉可惜了。哪个都舍不得扔。
2 (搬家的时候) 一直住着的家，有点儿不愿意离开。

② ～得ない
1 (使用银行的兑换机)
A：真奇怪啊。不够100日元。
B：不可能吧。你好好数数。
2 这次发生了不可预测的事情，大家都不要紧张。

③ ～あまり
1 母亲担心我之余，好像搞垮了身体。
2 那只小狗死的时候，老师悲伤之余，请了一段时间的假。

④ ～こととなると
1 他平时不太说话，一到登山的时候，就突然变得爱说话了。
　　*無口：不爱和人说话
2 做便当比较经济实惠，对身体也好，但要是每天都做的话，可能就比较累。

⑤ ～つつある
1 事故一周以来，事故原因慢慢变得清楚了。
2 最近，对车没有兴趣的年轻人增加了。

⑥ ～ては（～ては）
1 东京每天一会儿下雨一会儿天晴，持续着不爽朗的天气。
2 ABC 出版出的新书销售得最好。

⑦ ～てこそ
1 (料理节目) 不管是什么料理，首先都从选材开始。只有材料新鲜，才能做出最好吃的味道。
2 年轻的时候，要经历各种挑战。可能会失败。但是，只有自己亲身体验，才能学到更多的东西。

⑧ ～というものだ
1 A：虽然小原因为受伤了，一直没有参加比赛，但是，他用最大的声音声援大家。
　　B：这就是队长啊。
2 妻子：他还是孩子，你那么训他，太可怜了。
丈夫：孩子做错事情，严厉训斥这就是父母的爱情。

UNIT 3-2

- □ ～かねる
坐飞机去，还是坐新干线去，真是难以决定啊。
- □ ～だけのことはある
正因为留学了，所以，英语非常好。
- □ ～てほしいものだ
我希望他好好加油。
- □ ～てみせる
这次，我一定要赢给大家看。
- □ ～ないこともない
对方实力很强，但是，只要是自己努力，也不应该不胜利。

- □ ～にしろ（～にしろ）
父母也好，朋友也好，大家都反对结婚。
- □ ～に沿って
沿着这条河一直走，就到了车站。
- □ ～を契機に
以此为契机，要尽力注意管理自己的身体健康。

⑨ ～にしろ（～にしろ）
1 父亲也好，母亲也好，对父母说一声比较好。
2 买也好，不买也好，暂且先看看价格吧。

⑩ ～に沿って
1 沿着铁路的这条路一直走下去，左边就有一家中国餐馆。
2 A：人真多啊。是不是有什么名人啊。
　　B：沿路都有警察站着，是不是哪个国家的领导人啊。

⑪ ～かねる
1 (指南书) 对于没有写明姓名和地址的咨询邮件，我们难以回复。
2 客人：明天发售的ABC乐队的票，一个小时前排队买的话，能买到吗？
店员：我也不敢肯定。因为这是有人气的票。

⑫ ～ないこともない
1 不是用平底锅做不了，不过如果一般的锅，那就用一般的锅比较好。
2 A：家人说你一个女生出去旅游比较危险了？
　　B：是啊。我不是不明白父母说的，不过，他们太过于担心了。

⑬ ～てほしいものだ
1 (父亲的话) 已经高中三年级学生了，别只踢足球，我希望你还是好好学习。
2 A：汽油的价格比去年又高了。
　　B：是啊，真希望能便宜一些。

⑭ ～だけのことはある
1 A：听说这双意大利制的鞋，要十万日元。
　　B：是吗。不过，不愧是这么贵的鞋子，形状和颜色都非常好。
2 青木到底是没有白留学啊，英语这么好。

⑮ ～てみせる
1 桑巴舞，怎么跳啊？跳给我看看吧。
2 这次的考试，绝对要及格给大家看。

⑯ ～を契機に
1 以新干线的车站建立为契机，出现了很多的店铺，车站周围也变得热闹起来。
2 烟马上要涨价了，以此为契机，我决定戒烟。

UNIT 4-1

- □ ～あげく（に）
不知道怎么回答，结果说了一些无聊的话。
- □ ～ことなく
和自己希望的条件一样，所以毫不犹豫地就决定要这个屋子了。
- □ ～つつも
虽然很想早起，不知不觉地睡觉睡晚了。
- □ ～として～ない
招募希望去的人，但是，谁都不举手。
- □ ～とはいうものの
虽说健康上没有问题，但真的是否是这样还是很担心。
- □ ～ない限り
价格再不降一些，我想就卖不掉。
- □ ～に限って
听说从这里能看见富士山，可就今天云多。
- □ ～に応えて
应粉丝们的期待，他非常走红。

① ～ことなく
1 考试时,直到最后都不要紧张,请尽量沉着冷静地解答问题。
2 虽然这次是非常危险的工作,但最终也顺利结束了,并且没有一个人受伤。

② ～あげく(に)
1 烦恼的结果,还是决定进研究生院。
2 等待的结果,比赛还是延期了。
3 他很为难,结果听说还是从上司那里借了钱。

③ ～つつも
1 尽管已经赶不及,自己也有一些想放弃的念头,但还是拼命地跑。
2 尽管想好好学习,但一想到她,就学不了。
3 虽然脚的状态慢慢有所好转,但说到能奔跑,还要花上半年时间。

④ ～に限って
1 A:山田不来啊。是不是搞错日期了?
  B:不会,其他人不好说,就她是不会发生那种事情的。
2 真不好办啊。越是这种着急时刻,越容易发生这种事故。

⑤ ～として～ない
1 从事故发生到现在已经十年了,没有一天不想起这些事。
2 很多研究者都尝试揭开这个谜底,但是没有一个人能成功。

⑥ ～とはいうものの
1 虽说已经是三月份了,但还是持续着寒冷的天气。
2 工厂的火灾虽然没有酿成大祸,但是,也给周围的居民们带来了不安。
3 虽然与胜负无关,但是,输了还是很后悔。

⑦ ～ない限り
1 只要不离开现在公司,这种生活境况就不会改变。
2 癌症恶化得很快,据说除非做手术,否则就不能得救。

⑧ ～に応えて
1 应学生们的要求和愿望,大学延长了图书馆的开馆时间。
2 根据他们的号召,整个城市开始了增添绿色的活动。

UNIT 4-2

□ ～得る
这样的事故,我想在日本也有可能发生。

□ ～きれる
这么多,一个人吃不了。

□ ～ことだし
又没钱,今天不顺便去了,直接回家吧。

□ ～だけに
选举制度,正因为是国家的大问题,所以不能简单地改变。

□ ～とか
箱根之类的,去附近的温泉怎么样?

□ ～につき
(通知)
现在施工中,不能通行。

□ ～には及ばない
我们有职员在,您不用担心。放心吧。

□ ～に基づいて
这个建设计划,是根据什么法律来实施的?

⑨ ～得る
1 A:我讨厌自己的性格,我能改变自己的性格吗?
  B:人的性格是可以改变的。但是,改变自己需要很强的意志力。
2 A:日本有可能会获胜吗?
  B:是的,有可能。／不,不可能。

⑩ ～に基づいて
1 公务员的工资是根据法律而规定的。
2 这次的公司旅行地点,是根据公司问卷调查的结果来定下来的。

⑪ ～だけに
1 A:今天的演奏会不错啊。
  B:是啊,很久没在这样的大厅里听这样的演奏会了,非常感激。
2 A:听说山田的脚骨折了,这段时间要坐着轮椅上班了。
  B:是啊。他要换乘很多次电车和巴士,真够呛啊。

⑫ ～とか
1 A:田中今天休息?
  B:没来吗?这么说来,他昨天还说自己身体疲倦之类的话呢。
2 (信)您好吗?我们这里大家都好。我问了原先生,他说幸子小姐下个月来京都啦。请一定来我这里。

⑬ ～ことだし
1 (父亲对儿子说)今天你妈不在家,麻吉也不在家,晚饭我们两人去外面吃吧。
2 A:怎么办呢?报告来不及了。身体也不太好,明天的工让我请一下假吧。
  B:这样啊。

⑭ ～につき
1 (入口处的贴纸)
由于旋转门发生故障,请从左侧的入口处进入。
2 (通知)本商品由于现在停止生产,没有出售。

⑮ ～には及ばない
1 A:我今天想来还昨天借给我的伞,您在吗?
  B:您不用特意来,下次您再过来的时候,带来就可以了。
2 A:是不是做手术比较好吗?
  B:不用做手术。只要用药就能治好。

⑯ ～きれる
1 A:对不起,请问"ABC"的5月号有吗?
  B:对不起,卖光了。明天才入库。
2 要写的东西太多了,这个一张纸写不完。

UNIT 5-1

□ あまりの～に
太热了,立刻脱了上衣。

□ ～かと思うと
婴儿刚刚还哭着,现在马上又笑了,表情的变化很激烈。

□ ～かのように
他好像打过架一样,眼睛周围都肿了。

□ ～における
(试题)就现在日本教育上的问题点,论述自己的意见。

□ ～といった
他超越了爵士、摇滚等领域,进行着演奏活动。

□ ～のことだから
她很认真,在工作单位大家应该信任她吧!

□ ～のみならず
这个电影,不仅是日本,在国外也是一个话题。

□ ～もかまわず
两人不管别人正看着他们,还是亲了对方。

① ～かのように
1 (广告)就像在驾驶着真正的电车,这是一种能体验到现实感觉的游戏。
2 穿着婚纱的朋友,就像被光辉包围着的一样耀眼。

② ～もかまわず
1 最近,经常在电车上看到化妆的女孩,她们毫不在意周围的人的眼神。
2 那名男子不顾周围人的劝阻,跳入火中,救起了老人。

③ ～かと思うと
1 这种时期,一会儿天晴、一会儿突然阵雨,把伞带去为好啊?
2 虽然是星期天,但是看来父亲也很忙啊。刚刚还以为已经回家了呢,这不又出门了。

④ ～のみならず
　❶（广告）现在不仅仅是女性，男性也需要护肤。
　❷ A：社长，听说B公司下个月要生产新产品。
　　B：是吗。不仅仅是A公司啊，B公司也这样啊。那我们公司也要加油啊。

⑤ ～といった
　❶ 一直以来，我主要是周游于像泰国、中国和马来西亚之类的亚洲国家拍摄照片。
　❷ 在不能饲养狗或者猫的公寓里，经常饲养着兔子或者仓鼠之类的小动物。

⑥ あまりの～に
　❶ 那个社长根本没有就事故做出反省，我对他这种毫无责任感之心简直目瞪口呆。
　❷ 富士轿车新生产出来的电气轿车，深受大众欢迎，赶不及生产，供不应求。

⑦ ～における
　❶ 现在，由于隧道里的撞车事故，堵了五公里的车。
　❷ 2010年度，中国的GDP与前年相比，增加了10.3%，真正成了世界第二位。

⑧ ～のことだから
　❶"青木还没来啊。""哦，她的话，不用担心。"
　❷"那个请小原来翻译吧。""是啊，对于擅长英语的她来说的话，一个小时就可以了吧。"

UNIT 5-2

☐ ～上で
　下周的星期一回信就可以了，你好好考虑，再决定怎么做吧。
☐ ～ということは
　打七折就是，如果是两万日元的话，会便宜六千日元。
☐ ～ないことには
　如果不打扫这里的话，就什么都不能放。
☐ ～にこしたことはない
　不用受苦，再没有比这个更好的了。
☐ ～に相違ない
　发表声明说，发现的资料与当时的资料无异。
☐ ～（よ）うではないか
　大家齐心协力，一起来保护这座岛屿的自然吧。
☐ ～（よ）うものなら
　店长很严厉，要是迟到之类的，一定会被训的。
☐ ～まい
　不管怎么说，我想是不会有借口的。

⑨ ～ないことには
　❶ 要是那两人不来的胡萨，晚会就开始不了。
　❷ A：怎么样？能修好吗？
　　B：嗯，要是不试着做一下的话，就不知道啊。
⑩ ～（よ）うものなら
　❶ 我家的狗，如果听到外面有一点儿响声，就会大声地吼叫。
　❷ A：报告真够累人啊。我都想在网上借一下谁的论文了。
　　B：我理解你的心情。如果你想那么做的话，就绝对拿不了学分。
⑪ ～上で
　❶ 又有孩子，真的要不要离婚，两个人还是好好再商量一下再做决定。
　❷ 在工作上重要的是和周围的人进行交流。
⑫ ～ということは
　❶ 饲养动物不能只想到轻松的事情，还有很多痛苦和麻烦的事，这些全都需要你去接受。
　❷ A：对不起，明天突然去不了了。
　　B：诶，这么说来，明天只有我一个人去准备吗？哎，真是没办法。

⑬ ～に相違ない
　❶（法院）
　　A：这里写的都是事实吗？
　　B：是的，完全是事实。
　❷ 调查的结果，据说这确实是那个时代所画的画。
⑭ ～（よ）うではないか
　❶ 特意到这里来了，就尽情地玩一下怎么样？
　❷（文章）人都有各自的烦恼。但是，光想，烦恼是不会解决的。就是很痛苦，也要一步一步地前进。
⑮ ～にこしたことはない
　❶ A：要是就职的话，还是取得某种资格比较好。
　　B：是啊，就是这样的时代。最好是有。但是，不是说有了资格，就能够就职了。
　❷ 最好是不发生任何事情，为了放心，去国外旅行的时候，一定要买保险。
⑯ ～まい
　❶ 我心里发誓绝对不会忘记今天发生的事情。
　❷ 虽然说自己绝对不再喝酒，但是，那天还是喝了点酒。

UNIT 6-1

☐ あまりにも
　在国外工作我很高兴，就是有些突然，自己很吃惊。
☐ ～が～だけに
　他正因为家里穷，所以才知道金钱的可贵。
☐ ～末（に）
　犹豫的结果，决定那天不买东西了。
☐ ～だけあって
　到底没白说啊，田中很了解红酒。
☐ ～て以来
　搬家以来，一次都没用过空调。
☐ ～ている
　他以十九岁的年龄，毕业于A大学的医学部。
☐ ～どころか
　太忙了，别说去旅行，就连六日也得工作。
☐ ～はというと
　以前英语成绩不错，数学成绩却一点儿都不好。

① ～て以来
　❶ 据说他是学校自成立以来的秀才。
　❷ 从喂养狗以来，每天早上的散步是必修课。
　❸ 这是大学毕业以后的第一次碰到他。
② ～どころか
　❶ 虽说是夏天，不仅没看到变瘦，反而更胖了。
　❷ 妹妹别说是法语了，就连英语都不会说，就一个人去巴黎观光旅游。
③ ～末（に）
　❶ 左思右想地结果，他决定辞职。
　❷ 他辛勤劳动的结果，得到周围人们的认可，今年，拥有了自己的店铺。
④ あまりにも
　❶（电影广告）这是个凄凉美丽的故事。你一定抵挡不住自己的眼泪。
　❷ 对于大臣的这种毫无责任心的发言，听到后非常生气。
⑤ ～だけあって
　❶ 不愧是家人气旺的店铺啊，做的菜虽然好吃，就是太拥挤了。
　❷ 他不愧是个运动员，对自己的身体健康要求严格。
⑥ ～はというと
　❶ 昨天晚上，听说发生了地震。说来，我酣然入睡，一点儿都没注意到。
　❷ 要说到那时的日本，佛教在民众之中流传着。

19

⑦ ～ている
  １ 梵高也描绘着巴黎的风景。
  ２ 这里的寺院是建于14世纪末，1952年被火灾烧掉后又重新修建的。
⑧ ～が～だけに
  １ 正因为守门员防守好，看来要从这个队拿分是非常困难的。
  ２ 北欧的国家因为社会福利事业很发达，所以，感到自己的幸福的人所占的比例高。

UNIT 6-2

□ ～限りは
  只要待在这里就没关系。你放心吧。
□ ～ざるを得ない
  他为了考试，不得不停止俱乐部的活动。
□ ～てはかなわない
  像这种事情，一一地发牢骚的话，可完不了。
□ ～てもさしつかえない
  要是五分钟或十分钟，即使迟到一点也没关系。
□ ～ないではいられない
  担心台风的影响，不得不去看看田里。
□ ～にすれば
  如果是他，即使是开玩笑，都会伤害她。
□ ～につけ
  听到这么悲伤地消息，心好痛。
□ ～を問わず
  这个岛屿，不分季节，都有很多的观光客人到访。

⑨ ～につけ
  １ 一看到拼命学习的孩子们，我就认为自己做这个工作真是太好了。
  ２ 那个客人，一有机会就发牢骚，真是难办。
⑩ ～にすれば
  １ 在这附近的居民们看来，飞机的噪音是很严重的问题。
  ２ 对你来说可能是非常小的事情，但对其他人来说就不是这么一回事。
⑪ ～を問わず
  １ 不问国籍，我们想从世界各国召集优秀人才。
  ２ 不管价钱高低，总之，我就想买好东西。
⑫ ～てはかなわない
  １ 客人自己弄错了，还把责任推到我们身上，这可吃不消啊。
  ２ 每次休假都过来玩的话，就受不了啊。
⑬ ～ざるを得ない
  １ 大约有3%的高中生，听说因为生活困难，不得不放弃上大学。
  ２ 这次的事故，不得不说国家的安全管理上有问题。
⑭ ～てもさしつかえない
  １ A：检查的前一天晚上，什么都不能喝吗？
    B：不是，喝水或者茶什么的都没关系。
  ２ 如果是这个内容，就这么播出也没关系。
⑮ ～ないではいられない
  １ 一听到这个曲子，都忍不住不唱出来。
  ２ 父母都上年纪了，我也不能不帮家里做点儿事情了。
⑯ ～限りは
  １ (对年纪最大的选手进行的采访)
    只要有体力，我都想努力。
  ２ 只要不下雨，我们就按计划去徒步旅行。

UNIT 7-1

□ ～くらいなら
  如果要付钱吃这种菜，还不如自己做呢。

□ ～次第で
  看明天的天气再决定去哪里吧。
□ ～てまで
  我没想过不顾身体去工作。
□ ～ところをみると
  从小王笑眯眯的样子来看，好像考试考上了吧。
□ ～ながら
  我的房间在一楼，虽然小，但带着庭院。
□ ～のもとで
  我想那只小狗，在新主人的精心喂养下，一定会幸福的。
□ ～ものの
  虽说结婚了，但没有住在一起。
□ ～をはじめとして
  这种做法，以东京为首，被众多的城市所采用。

① ～ながら
  １ (致辞的最后) 本人致辞比较简单，就到此为止了。
  ２ 家里的孩子才两岁，偶尔看到我们吵架，虽然是孩子，他还是担心似地看着我们。
② ～をはじめとして
  １ 我们公司，以中国人为主，还有很多外国人的职员。
  ２ 以歌舞伎为首，很多日本的传统文化，都生于江户时代，然后发展起来。
③ ～ものの
  １ 这次虽然获胜了，但是，得分不够，日本队还存在很多的问题。
  ２ 虽然开始的时候，情况不错，但是，过了二十公里，脚突然变得沉重起来，跑不了了。
④ ～のもとで
  １ (叙述感谢之情) 能在老师的指导下学习，真是很好。
  ２ 人在怎样的父母的言传身教下成长，性格完全不一样。
⑤ ～ところをみると
  １ (母亲对孩子说) 作业做完了吗？…从你不说话来看，还没做吧。赶紧做吧。
  ２ 从排这么长的队看来，这家店的味道一定不错。
⑥ ～次第で
  １ 事物是根据人的想法会变得看来好或是不好。我们还是向着好的方面想吧。
  ２ 这个工作，根据做法不一样，也有可能会早一点做好吧。
⑦ ～くらいなら
  １ 听说最近以来，如果被调到地方上工作，就辞掉工作的年轻人增多了。
  ２ 要对那样的男人低头，还不如死了好。
⑧ ～てまで
  １ 确实那里的拉面很好吃，但是我还不会排队去买来吃。
  ２ 广，既然来旅游了，不要打游戏了吧。

UNIT 7-2

□ ～に際して(は)
  登录的时候，需要以下的东西。
□ ～に応じて
  根据人数，来选择各种各样的晚会方案。
□ ～をはじめ
  这次的大会，以上次得冠军的巴西为首，有十六国参加。
□ ～抜く
  要获得冠军，必须连胜五个比赛。
□ ～にほかならない
  我能够从事这项工作，正是因为有石井老师的指导。
□ ～となると
  要是不知道书名和作者，就没办法查询了。

□ ～ずじまい
虽然昨天是站立式就餐晚会，只说话，什么都没能吃。
□ ～ではないか
老年人的负担金额反而比较多，这不是挺奇怪吗。

⑨ ～抜く
1 第一次马拉松比赛比我想像的要困难得多，能坚持跑到最后，真的很满足。
2 （在咖啡店里）精选上乘的咖啡豆，让您享受到最高级的味道和香味。

⑩ ～に応じて
1 本校从入门到翻译，根据学习者的水平和学习目的，能选择各种各样的课程。
2 用卡来支付，可以根据利用额度，来累积点数。

⑪ ～に際して（は）
1 考试的时候，请一定要带上准考证。
2 （大学的揭示板上）
申请奖学金的时候，要满足以下条件。请大家认真确认，再进行申请。

⑫ ～にほかならない
1 （采访冠军）这次能够取得冠军，也是因为选手们和工作人员同心协力，一起努力的结果。
2 他能够战胜癌症，也是因为最初发现得比较早的缘故。

⑬ ～をはじめ
1 这本电子词典，以英语为首，能查询西班牙语、汉语等各种各样的语言。
2 在日本期间，以老师为主，大家都对我非常关照，我很感激。

⑭ ～となると
1 他平时看起来像大人，一说到游戏，就立刻变得爱说话了。
2 要是森老师不能来的话，还是改期比较好。

⑮ ～ずじまい
1 在日本的时候，很想看到富士山，不过，天气一直不好，没能看到。
2 虽然好不容易有个连休，但必须写稿子，所以哪里都没能去成。

⑯ ～ではないか
1 很想学习，但是由于经济原因没能上学的孩子，对他们来说太不公平了。
2 好像听到什么声音，不知不觉地，屋檐下面不是有燕子的巢穴吗。吓了一跳。还有些可爱的小燕子。

UNIT 8-1

□ ～限りでは
听小林说，会议如期举行。
□ ～というか～というか
他是开朗呢，还是轻浮，是个特别能说的人。
□ ～抜きで
这次的调查，让我们知道了，大约有一成的小学生不吃早饭来学校。
□ ～の上で
请确认好电话号码，再拨打。
□ ～のだ
一方面人们的生活不断地变得丰富，很多的动物和自然都变成了牺牲品。
□ ～ばかりに
就因为我没有联系大家，所以给大家带来了很多麻烦。
□ ～までして
熬夜学习了，但是问题和自己预想的一点都不一样。
□ ～（よ）うか～まいか
说还是不说，犹豫的结果，还是没说。

① ～（よ）うか～まいか
1 太贵了，犹豫着买还是不买，不过，买了就能用一辈子，于是还是决定买下来吧。
2 因为只有一个小时的时间，犹豫着睡还是不睡，结果还是没睡。

② ～抜きで
1 <关于工作访问的场所> 这里真不错，下次一定不带工作来。
2 A：能麻烦您尽量协助我们的活动吗？
B：知道了。这是要帮助困难的人嘛。不用给钱，我一定竭尽全力帮助你们。

③ ～までして
1 "那个小店，排这么长的队啊！" "是啊，但是，我从来没有想过会到排队吃拉面的地步。"
2 朋友为了减肥而不吃米饭，我从来不会为了减肥而那样做。

④ ～のだ
1 这样一来自由了！谁都会这么想。
2 只有每天一点点地学习，才会合格。
3 A：这个空调，好像坏了。一点儿都没有凉风。
B：是吗，所以这么热啊。

⑤ ～ばかりに
1 就因为不小心忘记带电话了，于是见不着朋友面了。
2 正因为我说明不足，才给各位添麻烦了。

⑥ ～の上で
1 工程计划，应该和周围的居民商量好了再做决定。
2 请您订货的时候，认真确认好了商品，再进行购买。

⑦ ～というか～というか
1 自己试着做了牛肉饭，是味道太浓了，还是太甜了，味道有些怪。
2 那个人是认真，还是太过于认真了，一点不开玩笑。

⑧ ～限りでは
1 就我所知，关于日本文学的研究，这所大学是最好的。
2 对入院患者的电话转接从下午九点到晚上九点。但是，紧急情况除外。

UNIT 8-2

□ ～てでも
要是有不懂的地方，即使多少有些丢脸，也问一下为好。
□ ～というものでもない
不是赢了就行。它的内容很重要。
□ ～にあたって
开始就职活动的时候，首先问了一下前辈的经验。
□ ～にしたところで
本来的图案不是很好，挑了其它颜色，还是没太大的变化。
□ ～にしても
即使迟来了，也应该来个电话联系一下啊。
□ ～ものがある
我总去的那个店没有了，真是让人失望啊。
□ ～ものなら
如果能再来一次，真想再回到高中时代啊。
□ ～んだった
糟了，今天需要辞典啊。

⑨ ～てでも
1 A：科长，电车好像停了。
B：这是重要的会议。就是走着也必须去。不坐电车了，我们叫出租车吧。
2 有这么一句谚语叫"少年辛苦，老来受益。"我认为确实如此。

⑩ ～ものなら
1 如果可以的话，我想重新开始我的人生。
2 "准备，真是挺够强的。请谁帮忙吧！" "如果能拜托的话，我也想拜托一下，但是大家都太忙了，太没理由了吧。"

⑪ ～というものでもない
  ❶ 并不是长得漂亮，就能够幸福。
  ❷ 物价便宜确实挺高兴，但是，什么都便宜了也不是好事。
⑫ ～にあたって
  ❶ 申请奖学金的时候，有几个条件，具体事项请咨询事务所。
  ❷ 写论文很重要的一点，就是要遵循书写规则。
⑬ ～ものがある
  ❶ 今近年来的手机技术，真是有让人瞠目而视。
  ❷ A：这盘 CD 真不错。那个女性的声音真好。
    B：是吧。她的声音有某些东西能吸引听的人。
⑭ ～にしたところで
  ❶ 这些商品有多畅销，就连社长也不知道实际数量。
  ❷ 虽然禁止使用手机，但是，不知道有多少学生能遵守。
⑮ ～にしても
  ❶ 即使是道歉，也应该好好道歉。
  ❷ 即使再忙、不通知缺席是不应该的。
⑯ ～んだった
  ❶ A：酒店还没有定好吗？
    B：嗯，酒店都满员了。像这种事，应该更早一点预约的啊。
  ❷ 啊，应该更早出门啊。这样的话，我们就不用那么着急了。

■ 韓国語

UNIT 1-1

□ ～からすると
이 이름이라면 아마 여성입니다.

□ ～くせに
남자인 주제에 이런 일 정도로 울지 마라.

□ ～げ
모두 즐거운 듯이 노래하거나 춤추거나 했습니다.

□ ～といえば
일본이라면 후지 산이 유명합니다.

□ ～にしては
처음치고는 잘하는군요.

□ ～にもかかわらず
비가 오는데도 불구하고 많은 사람이 와 주었습니다.

□ ～もしない
잘 알지도 못하고 안된다고 말하지 않았으면 좋겠다.

□ ～をめぐって
국경을 둘러싸고 두 국가 간에 오랜 다툼이 이어졌다.

① ～といえば
① 일본 요리라면 역시 초밥이 유명하지요.
② "어머니의 날"이라면, 카네이션이 금방 떠오르지만 다른 꽃이어도 괜찮습니다.
③ A : 오늘 아침, 전차 창으로 후지 산이 보였어. 무척 예뻤어.
　 B : 그래. 후지 산이라면 다나카 씨가 다음 달 오른대.

② ～にもかかわらず
① 대학생임에도 불구하고 기본적인 한자를 쓸 수 없는 사람도 있다.
② 친구들은 나보다 성적이 좋았음에도 불구하고, 시험에서 실력을 발휘하지 못하고 불합격이 되었다.
③ 〈식 등에서〉 오늘은 바쁘신 중에도 불구하고, 출석해 주셔서 정말로 감사합니다.

③ ～をめぐって
① 〈뉴스〉 국회에서는 예산을 둘러싸고 A 당과 B 당이 심하게 대립하고 있습니다.
② 올림픽 대표를 둘러싸고 마지막 레이스가 치루어졌습니다.

④ ～にしては
① A : 항상 화려한 모리 씨치고는, 오늘은 무척 수수한 옷이군.
　 B : 오늘은 아르바이트 면접에 간대.
② 저 아이들, 고등학생치고는 얼굴이 어른스러운데 말을 하면 역시 고등학생이군.
③ 이것, 피카소의 그림? 피카소치고는, 꽤나 보통의 그림이군.

⑤ ～げ
① A : 저 개, 길을 잃었나?
　 B : 모르겠다. 하지만, 슬픈듯한 눈으로 이쪽을 보고 있네.
② 〈뉴스〉 일본은 위험하지 않은 시합에서 1회전에 승리했습니다.
③ A : 다나카 씨, 도와주었는데 한마디도 고맙다는 말도 없었다.
　 B : 한마디도!? 귀엽지 않네.

⑥ ～からすると
① A : 이 엽서, 누구에게서일까?
　 B : 이 둥근 글씨로 보면, 야마다 씨가 아닐까?
② A : 시험 합격 발표, 어제지? 하야시 씨, 어땠을까?
　 B : 저 모습으로 보면, 안되었지 않을까?

⑦ ～もしない
① 식사도 하지 않고 게임만 하면 병에 걸린다.
② A : 실패했다. 이 셔츠, 조금 너무 화려하다
　 B : 잘 보지 않고 사니까 그래.
③ 할 수 있을지 어떨지 노력도 하지 않고, 처음부터 포기합니까?

⑧ ～くせに
① A : 에도시대는 몇 년부터였지?
　 B : 대학생인데 그런 것도 모르니?
② A : 미안, 오늘 귀가가 10시경이니까 먼저 먹어.
　 B : 또!? 오늘은 빨리 돌아온다고 했는데.

UNIT 1-2

□ ～一方 (で)
물건이 계속 늘어 방은 좁아지기만 합니다.

□ ～かい (が) あって
노력한 보람이 있어 합격했습니다.

□ ～っこない
이렇게 많은 한자, 하루에 외울 수 있을 리가 없다.

□ ～というものは
돈이라는 것은 가끔 사람을 변하게 합니다.

□ ～どころではない
노래방? 미안. 내일 시험이어서 그럴 여유가 없어.

□ ～はさておき
가격은 제치놓고 무척 맛있었어.

□ ～はもとより
맛은 물론이거니와 서비스도 무척 좋았습니다.

□ ～を抜きに
A 사의 협력없이는 이 일은 할 수 없다.

⑨ ～一方 (で)
① A : 이 거리도 젊은 사람이 줄고 노인만으로 바뀌었구나.
　 B : 응. 가게도 줄어들기만하고 앞으로 어떻게 될까.
② A : 우리 집 근처에도 도서관 만들어 주지 않을까.
　 B : 무리야. 시의 빚은 해마다 늘어나기만 하는 모양이니까.
③ 이 오케스트라는 연주 기술이 좋아진 한편 표현력은 떨어졌다.

⑩ ～どころではない
① A : 저기, 내일 바겐에 가지 않을래?
　 B : 미안, 다음 주에 시험이 있어 그럴 여유가 없어.
② A : 날씨도 좋을 것 같고 주말에 꽃구경하러 가지 않을래?
　 B : 무리야. 곧 리포트 마감이어서 꽃구경 갈 여유가 없어.

⑪ ～はさておき
① 이 책, 내용은 제쳐두고 타이틀은 무척 좋아.
② A : 일본도 요즘 강해졌어.
　 B : 응, 이길지 어떨지는 제쳐두고 오늘도 좋은 시합을 하지 않을까.
③ 〈파티에서〉 농담은 제쳐두고 곧바로 회의를 시작하겠습니다.

⑫ ～はもとより
① 이 가게는 맛은 물론이거니와 가게에서 보이는 전망도 최고입니다.

2 일년간 입원하게 되어 본인은 물론이거니와 가족도 힘들었다고 합니다.

⑬ ~を抜きに
1 금후의 일본경제를 생각할 때 소비세 문제를 빼고 생각할 수 없다.
2 A : 카를로스가 시합에 나올 수 없었던 것이 컸습니다.
　B : 네. 이 팀은 그를 빼고는, 싸울 수가 없으니까요.

⑭ ~っこない
1 A : 일본은 처음 시합이 브라질이래.
　B : 브라질과!? 지난번 우승국이잖아. 이길리가 없어.
2 그 테이블은 한 사람이 들 수 있을 리 없어. 둘이서 들자.
3 내가 강사? 그런 것, 할 수 있을 리가 없습니다.

⑮ ~というものは
1 아이라는 것은 부모의 흉내를 내는 것입니다.
2 인생이란 생각대로 되지 않는 것입니다.

⑯ ~かい(が) あって
1 3개월간 괴로웠지만, 식사를 줄이고 운동한 보람이 있어 10킬로 살이 빠졌다.
2 A : 진짜 그림을 많이 볼 수 있어서 좋았다.
　B : 응. 이탈리아까지 온 보람이 있었다.

UNIT 2-1

□ ~以上
한 번 한다고 말한 이상 마지막까지 할 생각입니다.

□ ~折に
동경에 오셨을 때에는 꼭 들러 주세요.

□ ~からして
저 얼굴로 보니 화가 난 것을 알 수 있다.

□ ~次第
알게 되는 대로 알려 드리겠습니다.

□ ~ずに(は)いられない
조금 비싸지만 사지 않고 있을 수가 없다.

□ ~か~ないかのうちに
내가 그렇게 말하자마자 그녀는 울음을 터뜨렸다.

□ ~ばかりか
지금 회사는 일이 재미없을 뿐만 아니라 월급도 쌉니다.

□ ~やら~やら
출장이라든가 이사라든가로 이번 달은 바쁘다.

① ~やら~やら
1 아나운서 : 팀의 상태는 어떻습니까?
　감독 : 부상이나 인플루엔자로 시합에 나갈 수 없는 선수가 많아 곤란합니다.
2 오늘은 지갑을 잃어버리거나 부장에게 혼나거나로 힘든 날이었다.
3 A : 오후에 회의할 수 있니?
　B : 오늘은 회의와 신인 연수회가 있어 무리. 내일이라면 괜찮지만.

② ~か~ないかのうちに
1 <화재를 본 사람의 말> 쿵하는 소리가 나고 1분이 지났나 지나지 않았나 하는 사이에 불이 났다.
2 그는 5시 벨이 울렸나 울리지 않았나 하는 사이에 그만두고 공장을 뛰쳐나왔다.

③ ~ばかりか
1 두부는 단백질이 많이 포함됐을 뿐만 아니라 비타민 등도 풍부합니다.

2 A : 과장님, 요즘 초조해하네.
　B : 그래. 부하뿐만 아니라 배달하는 사람에게도 고함을 치고 있으니까.

④ ~ずに(は)いられない
1 <영화에 대해>
　A : 울고 있니?
　B : 왜냐하면 저 마지막 신을 보면 울지 않을 수가 없다.
2 A : 왜 혼자서 웃고 있니?
　B : 그때의 선생님의 얼굴을 떠올리면 웃지 않고 있을 수가 없어서.

⑤ ~以上
1 A : 전에 하와이에 데려가 준다고 말한 것은 정말이야?
　B : 물론. 약속한 이상 그럴 생각이야.
2 맡은 이상은 제대로 책임을 다해 하겠습니다.
3 한 번 계약을 한 이상, 간단하게 취소할 수가 없다.

⑥ ~折に
1 모리 선생님과는 일전에 파티 때 조금 이야기를 했습니다.
2 A : 그럼, 우산을 빌리겠습니다. 곧 돌려 드리러 오겠습니다.
　B : 아, 언제라도 괜찮습니다. 다음 달 회의 때에라도.

⑦ ~からして
1 A : 이 가게, 150년 전에 생겼대.
　B : 과연. 분위기부터 조금 틀리네.
2 A : 야마다 씨, 결혼하고 변했네.
　B : 응. 상냥해졌어. 말투부터 전과 전혀 틀려.

⑧ ~次第
1 <뉴스>
좀전에 관동지방에서 지진이 있었습니다. 상세한 정보가 들어오는 대로 전달하겠습니다.
2 A : 저, 물건은 언제 들어옵니까?
　B : 죄송합니다. 좀 더 기다려주세요. 아는 대로 알려 드리겠사오니.

UNIT 2-2

□ ~限り
담배를 그만 두지않는 이상, 이 기침은 멈추지 않습니다.

□ ~きり
이 기모노는 2년 전에 입은 대로입니다.

□ ~たいものだ
가끔은 일주일 정도 느긋하게 여행에 가고 싶다.

□ ~だけまし
딱딱하고 좁은 침대이지만 잘 수 있다는 것만으로도 다행이다.

□ ~っぽい
고등학생인데, 어른스럽다.

□ ~ないものか
좀 더 알기 쉽게 설명할 수 없을까.

□ ~に先立って
시합에 앞서 양국의 국가를 연주하겠습니다.

□ ~はともかく
내용은 어쨌든 글자가 틀리는 것이 많다.

⑨ ~限り
1 담배를 그만두지 않는 한 이 기침은 멈추지 않습니다. 이 기회에 그만두도록 노력해 주세요.
2 A : 만원 전차에 타지 않아도 되는 방법은 없는것일까.
　B : 지금의 회사에 근무하는 한 어려울 거야.

③ A : 그는 독신입니까?
　　B : 내가 아는 한은 누군가와 함께 살고 있는 것 같습니다만 결혼은 하지 않은것같습니다.

⑩ ～たいものだ
　■ 한 번은 이런 고급 호텔에 묵어보고 싶습니다.
　② 이렇게 일하고 있으니 좀 더 월급을 올려 받고 싶다.

⑪ ～ないものか
　■ A : 카레라이스, 좀 더 간단히 만들 수 없는 것일까.
　　B : 금방 편하게 하려고 한다.
　② A : 여기는 항상 혼잡하군요.
　　B : 응. 좀 더 좋아지지 않는 것일까.

⑫ ～はともかく
　■ 결과는 어쨌든 마지막까지 전력을 다하는 것이 중요합니다.
　② 맛은 어쨌든 금방 먹을 수 있을 것 같으니 여기로 하자.

⑬ ～だけまし
　■ A : 올해는 아직 한 번밖에 여행을 가지 않았다.
　　B : 갈 수 있는 것만으로 다행이야. 나는 아직 아무 데도 가지 않았어.
　② A : 겨우 지정석을 잡았지만, 끝 쪽밖에 없었어, 괜찮아?
　　B : 물론. 앉을 수 있다는 것 만으로 다행이야.

⑭ ～きり
　■ 입원하고부터는 물을 한 잔 마셨을 뿐으로 아직 아무것도 먹지 않았습니다.
　② A : 요즘 야마다 씨와 만났니?
　　B : 2 달 전에 회의에서 만났을 뿐으로 쭉 만나지 않았습니다.
　③ 이 기모노는 2 년 전에 입은 채입니다.

⑮ ～に先立って
　■ 회의에 앞서 멤버의 소개가 있었다.
　② 시합을 시작하기에 앞서 규칙설명이 있었다.

⑯ ～っぽい
　■ 남동생은 질리기 쉬운 경향이 있으니까 금방 새 것을 갖고 싶어한다.
　② A : 이 T 셔츠는 어때? 그녀, 고양이를 좋아했으니까.
　　B : 응. 귀엽지만 조금 애들 같지 않니?
　③ 나이 탓인지 최근에 잊기 쉬운 경향이 있어. 사람의 이름이라든가 볼일이라든가.

UNIT 3-1

□ ～あまり
　흥분한 나머지 사진을 찍는 것을 잊어버렸다.

□ ～得ない
　내가 상을 받다니 있을 수가 없습니다.

□ ～がたい
　3년간 매일 모두와 함께 연습한 것은 잊기 어려운 추억입니다.

□ ～こととなると
　자식 일이 되면, 자기 일 이상으로 걱정입니다.

□ ～つつある
　올해 들어서 경기는 조금씩 좋아지고 있습니다.

□ ～てこそ
　자신의 말로 써야 말로, 상대에게 기분이 전달된다.

□ ～ては (～ては)
　써서는 지우고 지우고는 쓰는 사이에 종이가 찢어졌다.

□ ～というものだ
　즐거운 때도 있으면 슬픈 때도 있다. 그것이 인생이라는 것이다.

① ～がたい

① 〈방 정리를 하면서〉
　이것은 비쌌기 때문에 아깝고 이것도 친구에게 받았기때문에 버리기 어렵고…… 어느 것도 버리기 어렵구나.
② 〈이사할 때〉 오랫동안 살던 집이어서 조금 이사하기 힘든 기분도 든다.

② ～得ない
　■ 〈은행의 환전기를 사용해〉
　　A : 이상하군. 100 엔 부족하다.
　　B : 그런 일, 있을 수가 없어. 잘 세어 봐.
　② 이번은 예측할 수 없는 일이 일어났지만 모두 침착했다.

③ ～あまり
　■ 엄마는 나를 걱정한 나머지 건강상태가 나빠진 것 같습니다.
　② 그 개가 죽었을 때 선생님은 슬픈 나머지 잠시 일을 쉬었습니다.

④ ～こととなると
　■ 그는 보통은 말이 없지만, 등산이야기가 되면 갑자기 말이 많아진다.
　　*無口 : 사람과 그다지 말하지 않는 것.
　② 도시락을 만드는 쪽이 경제적이고 몸에도 좋지만 매일 만들어야 되면 힘들지도 모른다.

⑤ ～つつある
　■ 사고로 일주가 지나 원인 등이 확실해지고 있다.
　② 최근, 자동차에 흥미가 없는 젊은이가 늘어가고 있다.

⑥ ～ては (～ては)
　■ 동경은 비가 내리고는 그치는 매일이어서 확실하지 않은 날씨가 이어진다.
　② ABC 출판은 새 책을 내고 베스트셀러가 되었다.

⑦ ～てこそ
　■ 〈요리 프로그램〉
　　어떤 요리도 우선 재료 선택부터입니다. 재료가 신선하고 나서、최고의 맛을 낼 수 있습니다.
　② 젊었을 때는 여러 가지 일에 도전해 주세요. 실패하기만 할지도 모릅니다. 하지만, 스스로 체험하고서야 말로 많은 것을 배울 수 있는 것입니다.

⑧ ～というものだ
　■ A : 하라 씨는 부상으로 쭉 시합에 나올 수 없지만, 가장 큰 목소리로 응원해 주고 있다.
　　B : 그렇게 해야 리더이다.
　② 아내 : 아직 아이이니까 그렇게 화를 내면 불쌍해.
　　남편 : 아이가 나쁜 짓을 했을 때는 엄격하게 꾸짖는 것이 부모의 사랑인 것이지.

UNIT 3-2

□ ～かねる
　비행기로 갈지 신칸센으로 갈지 아직 정하지 못하고 있다.

□ ～だけのことはある
　유학을 한 만큼, 영어는 잘한다.

□ ～てほしいものだ
　그가 꼭 열심히 해주었으면 한다.

□ ～てみせる
　이번에야말로 반드시 우승해 보이겠다.

□ ～ないこともない
　상대는 강하지만 열심히 하면 이기지 못할 것은 없다.

□ ～にしろ (～にしろ)
　부모든 친구든 모두가 결혼을 반대했다.

□ ～に沿って
　이 강을 따라 똑바로 가면 역입니다.

□ ~を契機に
　이것을 계기로 건강관리에 좀 더 주의하도록 하겠습니다.

⑨ ~にしろ (~にしろ)
　① 아버지든 어머니든 부모님에게는 한마디 해 두는 편이 좋아.
　② 사든 사지 않든 일단 가격만은 보아 두자.

⑩ ~に沿って
　① 이 길을 선로에 따라 똑바로 가면 좌측에 중화요리가게가 있습니다.
　② A : 사람이 많이 있군. 누군가 유명인이라도 있을까.
　　 B : 통로에 따라 경찰관이 서 있으니까 어느 나라의 높은 사람이 아닐까?

⑪ ~かねる
　① 〈안내문〉 이름이나 주소가 써 있지 않은 메일로 하는 문의에는 대답할 수 없습니다.
　② 손님 : 내일 발매되는 ABC 밴드의 티켓입니다만, 1시간 전에 서면 살 수 있을 것 같습니까?
　　 점원 : 그것은 모르겠습니다. 인기티켓이니까요.

⑫ ~ないこともない
　① 후라이팬으로 하지 못하지는 않지만, 냄비가 있으면 냄비 쪽이 좋아.
　② A : 여성이 혼자 여행하는 것은 위험하다고 들었니?
　　 B : 그래. 부모님께서 말하는 것도 모르지는 않지만, 조금 너무 걱정한다는 생각이 들어.

⑬ ~てほしいものだ
　① 〈아버지의 말〉 이제 고등학교 3학년이니까 축구만 하지 말고 조금은 공부했으면 한다.
　② A : 휘발유, 작년부터 계속 높다.
　　 B : 응, 좀 더 싸게 되면 좋겠다.

⑭ ~だけのことはある
　① A : 이 이탈리아제의 구두, 10만엔이래.
　　 B : 그렇구나. 하지만, 비싼 만큼의 값어치는 하는구나. 형태도 색도 무척 좋다.
　② 아오키 씨, 캐나다에 유학한 만큼 영어를 잘하네.

⑮ ~てみせる
　① 삼바는 어떻게 춤추는 것입니까? 좀 추어 보세요.
　② 이번 시험에는 절대 합격해 보일 거야.

⑯ ~を契機に
　① 신칸센 역이 생긴 것을 계기로 여러 가게가 생겨 역 주변이 번잡하게 되었습니다.
　② 이제 곧 담배가 가격 인상이 되어서 이것을 계기로 그만두게 되었습니다.

UNIT 4-1

□ ~あげく (に)
　대답에 곤란한 나머지 시시한 것을 말해 버렸다.

□ ~ことなく
　희망하는 조건에 딱 맞아서 망설이지 않고 이 방으로 정했다.

□ ~つつも
　빨리 일어나려고 생각하면서도 자기도 모르게 자는 것이 늦어졌다.

□ ~として~ない
　희망자를 모집했지만, 누구 한사람 손을 드는 사람은 없었다.

□ ~とはいうものの
　건강에 문제가 없다고 하지만 정말 그런지 걱정입니다.

□ ~ない限り
　가격을 좀 더 내리지 않는 한 팔리지 않을 거로 생각한다.

□ ~に限って
　여기서부터 후지 산이 보인다고 하지만 오늘에 한해 구름이 많군.

□ ~に応えて
　그는 팬의 기대에 답해 대활약했다.

① ~ことなく
　① 시험에서는 마지막까지 당황해 하지 말고 침착하게 답을 하도록 하세요.
　② 이번은 대단히 위험한 작업이 되었습니다만 누구 한 사람 부상을 하는 일 없이 마칠 수 있었습니다.

② ~あげく (に)
　① 여러가지 고민한 끝에 대학원에 진학하기로 했습니다.
　② 시간이나 기다리게 한 끝에 결국 시합은 연기가 되었다.
　③ 그는 곤란한 나머지 회사의 상사에게도 돈을 빌렸다고 한다.

③ ~つつも
　① 이제 시간에 대지 못할 것이라고 반 포기하면서도 필사적으로 달렸다.
　② 공부하려고 하면서도 그녀가 신경이 쓰여 할 수 없다.
　③ 발 상태가 조금씩 좋아지면서도 달릴 수 있게 되기까지는 앞으로 반년은 걸린다.

④ ~に限って
　① A : 야마다 씨, 안 오네. 날짜를 잘못 안 것 아니야?
　　 B : 아니, 그녀만큼은 그런 일은 없을 거야.
　② 곤란하네. 서두를 때에 한해 이런 사고가 일어난다니까.

⑤ ~として~ない
　① 사고로부터 10년이 됩니다만, 하루라도 생각하지 않은 날은 없습니다.
　② 이 수수께끼를 풀려고 많은 연구자가 시도했지만, 누구 한 사람 성공하지 못했다.

⑥ ~とはいうものの
　① 3월이라고는 하지만 아직 추운 날이 계속됩니다.
　② 공장의 화재는 큰 사고가 되지는 않았지만, 주변 주민에게 큰 불안을 주었다.
　③ 이기고 지는 것은 상관없다고 하지만 지면 역시 분하다.

⑦ ~ない限り
　① 지금 회사를 그만두지 않는 한 이런 생활은 변하지 않으리라고 생각했습니다.
　② 암은 상당히 진행되어 수술하지 않는 한 살 수 없다고 합니다.

⑧ ~に応えて
　① 대학은 학생들의 요망에 응해 도서관 이용 시간을 연장했다.
　② 그들의 호소에 응답해 마을 전체가 녹음을 늘리는 활동을 시작하게 되었습니다.

UNIT 4-2

□ ~得る
　이런 사고는 일본에서도 일어날 수 있다고 생각합니다.

□ ~きれる
　이렇게 많이 혼자서 다 먹을 수 없다.

□ ~ことだし

돈도 없고 오늘은 딴 길로 새지 않고 곧바로 집에 갈 거야.
□ ~だけに
선거제도는 나라의 큰 문제인 만큼 그렇게 간단하게 바꿀 수 없다.
□ ~とか
하코네라든가 가까운 온천에 가는 것은 어때?
□ ~につき
〈안내문〉현재 공사 중이어서 통행할 수 없습니다.
□ ~には及ばない
스태프가 있으니까 걱정할 필요는 없습니다, 안심하세요.
□ ~に基づいて
이 건설 계획은 어떤 법률에 근거해 행해지고 있습니까?

⑨ ~得る
 1 A : 나는 자신의 성격이 싫습니다만, 성격을 바꿀 수는 있습니까?
   B : 사람의 성격은 바뀔 수 있는 것입니다. 하지만, 그러기 위해서는 바꾸고 싶다는 강한 의지가 필요합니다.
 2 A : 일본이 우승할 가능성은 있을까요?
   B : 네, 있을 수 있습니다. / 아니요, 그것은 있을 수 없습니다.

⑩ ~にもとづいて
 1 공무원 급여는 법률에 근거해 정해져 있다.
 2 이번 사내 여행의 행선지는 사내 앙케트 결과에 근거해 정했습니다.

⑪ ~だけに
 1 A : 오늘 연주회 좋았어.
   B : 응, 이런 홀에서 한동안 듣지 않았던 만큼 감격했다.
 2 A : 야마다 씨, 다리뼈가 부러져 한동안 휠체어로 출근한대.
   B : 그렇구나. 그는 전차나 버스를 갈아타는 것이 많은 만큼 힘들겠네.

⑫ ~とか
 1 A : 다나카 씨는 오늘 쉬니?
   B : 오지 않았어? 그러고 보니 어제 몸이 나른하다고 말했었어.
 2 〈편지〉잘 있어요? 여기는 모두 잘 있어요. 하라 씨에게 들었습니다만 사치코 씨는 다음 달 교토에 오실 수 있다고 들었어요. 꼭 이쪽에도 들러 주세요.

⑬ ~ことだし
 1 〈아버지가 아들에게〉오늘은 어머니도 마키도 없으니 저녁밥은 둘이서 밖에 먹으러 갈까?
 2 A : 어떡하지. 리포트를 마감까지 다 쓸 수 없네. 몸도 안 좋으니 내일 아르바이트를 쉴까.
   B : 그렇게 하면 어때?

⑭ ~につき
 1 〈입구에 붙인 종이〉
   회전 도어가 고장 났으므로 인해 왼쪽 입구로 들어오세요.
 2 〈안내문〉이 상품은 현재 제조 중지로 인해 판매하지 않고 있습니다.

⑮ ~には及ばない
 1 A : 지난번에 빌린 우산을 오늘 돌려 드리러 가고 싶습니다만, 시간이 어떻게 되세요?
   B : 그렇게 하실 필요 없습니다. 또 오실 때 가지고 오세요.
 2 A : 수술을 하는 편이 좋습니까?
   B : 아니요. 그렇게까지 할 필요 없습니다. 약으로 나으니까요.

⑯ ~きれる
 1 A : 저, 『ABC』5월 호는 있어요?
   B : 미안합니다. 매진됐습니다. 내일 또 들어옵니다.
 2 쓸 것이 많이 있으니까 이것 한 장으로는 다 쓸 수 없다.

UNIT 5-1

□ あまりの~に
너무나 더워서 금방 웃옷을 벗었습니다.
□ ~かと思うと
아기는 울었는가 싶으면 금방 웃기 시작해 표정의 변화가 심하다.
□ ~かのように
그는 마치 싸움이라도 한 듯 눈 주위가 부어 있었다.
□ ~における
〈시험문제〉현재 일본의 교육상 문제점에 대해 의견을 서술하시오.
□ ~といった
그는 재즈나 로큰롤이라는 장르를 넘어 연주활동을 하고 있다.
□ ~のことだから
매일 해야 되는 일이니까 그릇을 닦는 것은 간단하게 마치고 싶습니다.
□ ~のみならず
이 영화는 일본뿐만 아니라 해외에서도 화제가 되었다.
□ ~もかまわず
두 사람은 모두 보고 있음에도 불구하고 키스를 했다.

① ~かのように
 1 〈광고〉마치 진짜 전차를 운전하고 있는 것처럼 사실적인 감각을 즐길 수 있는 게임입니다.
 2 웨딩드레스의 친구는 마치 빛에 싸여 있는 것처럼 빛나 보였다.

② ~もかまわず
 1 요즘 전차 안에서 타인의 눈도 신경을 쓰지 않고 화장을 하는 젊은 여성을 자주 본다.
 2 그 남성은 주변이 막는 것도 신경쓰지 않고 불 속에 뛰어 들어가 노인을 구했다.

③ ~かと思うと
 1 이 시기는 맑았는가 싶으면 갑자기 비가 내리는 때가 있으니 우산을 들고 가면 어때?
 2 일요일인데 아버지는 바쁜 것 같다. 아까 돌아왔는가 싶었는데 또 나갔다.

④ ~のみならず
 1 〈광고〉지금은 여성만이 아니라 남성도 피부 손질이 필요합니다.
 2 A : 사장님, B사도 다음 달 신상품을 낸다고 합니다.
   B : 그렇군. A사뿐만 아니라 B사까지도인가……. 우리도 분발하지 않으면 안 되겠군.

⑤ ~といった
 1 나는 지금까지 주로 타이나 중국, 말레이시아 같은 아시아 나라를 돌며 사진을 찍어 왔다.
 2 개나 고양이를 기를 수 없는 아파트에서는 토끼나 햄스터 같은 작은 동물이 자주 길러진다.

⑥ あまりの~に
 1 저 사장님, 사고에 대해 전혀 반성이 없고 너무나 책임감이 없음에 질려 버렸다.
 2 후지 자동차에서 나온 신 전기 자동차는 너무나 인기가 있어 생산이 뒤따르지 못하는 것 같다.

⑦ ~における
 1 현재 터널 내에서 일어난 충돌 사고의 영향으로 5킬로 정체가

2 2010년도에 있어 중국의 GDP는 전년에 비해 10.3%의 증가가 되어 세계 제 2위가 될 것이 확실하게 되었다.
⑧ ~のことだから
1 「아오키 씨가 아직 오지 않았습니다.」「괜찮아, 그녀이니까 걱정 없어.」
2 「그것 하라 씨에게 번역해 달라고 하면 어때?」「그래. 영어를 잘하는 그녀니까 1시간 있으면 할 수 있을 거야.」

UNIT 5-2

☐ ~上で
대답은 다음 주 월요일로 충분하니까 잘 생각한 다음에 어떻게 할지 정해 주세요.

☐ ~ということは
30 퍼센트라는 것은 2 만엔이면 6 천엔 싸지는 것이군요.

☐ ~ないことには
여기를 정리하지 않으면 아무것도 둘 수 없다.

☐ ~にこしたことはない
고생하지 않고 된다면 그것보다 나은 것은 없다.

☐ ~に相違ない
발견된 자료는 당시의 것이 틀림없다고 발표되었다.

☐ ~(よ)うではないか
모두 힘을 합쳐 이 섬의 자연을 지켜가지 않겠는가.

☐ ~(よ)うものなら
점장은 엄격하니까 지각이라도 하면 무척 혼난다.

☐ ~まい
무엇이 있어도 변명만큼은 하지 않으렵니다.

⑨ ~ないことには
1 저 두 사람이 오지 않고는 파티를 시작할 수 없다.
2 A: 어때? 고칠 수 있을 것 같아?
B: 음, 해 보지 않고는 알 수 없어.

⑩ ~(よ)うものなら
1 우리 집 개는 밖에서 조금이라도 소리가 들리면 굉장한 기세로 짖는다.
2 A: 보고서, 큰일이네. 그만 인터넷에서 누군가의 논문을 빌리고 싶어져.
B: 기분은 알겠다. 하지만, 그런 짓을 하면 절대 학점은 받을 수 없어.

⑪ ~上で
1 아이도 있고 정말로 이혼할지 어떨지는 둘이서 다시 한번 잘 이야기한 다음에 정하면 어떻습니까?
2 일하는 데에 중요한 것은 주위와의 커뮤니케이션입니다.

⑫ ~ということは
1 살아 있는 것을 키운다는 것은 즐거운 일만 있는 것이 아니라 괴로운 일이나 귀찮은 일도 포함해 모두 받아들이겠다는 것입니다.
2 A: 미안해요. 내일 갑자기 가지 못하게 되어서…….
B: 어, 그러면 내일은 내가 혼자서 준비를 하니? 뭐 괜찮지만.

⑬ ~に相違ない
1 〈재판〉A: 여기에 쓰여 있는 것은 사실입니까?
B: 네. 사실임이 틀림없습니다.
2 조사한 결과, 이것은 그 시대에 그려진 그림이 틀림없다고 합니다.

⑭ ~(よ)うではないか
1 모처럼 여기까지 왔으니까 마음껏 즐기지 않겠습니까?
2 〈문장〉사람마다 각자 고민은 있다. 그러나 생각만 하는 것만으로는 고민은 해결되지 않는다. 피로워도 한 걸음씩 앞으로 나아가지 않겠는가?

⑮ ~にこしたことはない
1 A: 취직을 하기 위해서는 자격이 있는 편이 좋을까요?
B: 그건 이런 시대이니까 있는 것이 좋겠지요. 하지만, 자격이 있다고 취직할 수 있다고는 못해요.
2 아무 것도 없는 것이 좋겠지만 조심하기 위해 해외 여행에 갈 때는 반드시 보험에 듭니다.

⑯ ~まい
1 오늘은 결코 잊지 않겠다고 마음에 맹세했다.
2 이제 두 번 다시 술은 마시지 않겠다고 마음먹었습니다만 그날은 조금 마셔버렸습니다.

UNIT 6-1

☐ あまりにも
해외 근무는 기쁘지만 너무나도 갑작스러운 말에 놀라고 있다.

☐ ~が~だけに
그는 집이 가난한 만큼 돈의 고마움을 잘 알고 있다.

☐ ~末(に)
많이 망설인 끝에 그날은 사는 것을 그만 두었다.

☐ ~だけあって
여러 가지 말하는 만큼 다나카 씨는 와인에 대해 무척 잘 안다.

☐ ~て以来
이사한 이후 아직 한 번도 에어컨을 사용하지 않았다.

☐ ~ている
그는 19살의 젊은 나이로 A대학 의학부를 졸업했다.

☐ ~どころか
바빠서 여행에 가기는커녕 토요일 일요일도 일하고 있습니다.

☐ ~はというと
옛날부터 영어는 잘했습니다만 수학은 전혀 못했습니다.

① ~て以来
1 그는 학교가 시작된 이후의 수재라고 했다.
2 개를 기른 이후로 매일 아침 산책이 일과가 되었다.
3 그와 만난 것은 대학을 졸업한 이후 처음입니다.

② ~どころか
1 여름인데 마르기는커녕 거꾸로 살이 쪄버렸습니다.
2 여동생은 프랑스어는커녕 영어도 잘 말하지 못하는데 혼자서 파리로 관광을 갔다.

③ ~末(に)
1 여러가지 고민한 끝에 회사를 그만두기로 했습니다.
2 그는 고생한 끝에 간신히 주위에서 인정을 받게 되어 올해 자신의 가게를 가질 수 있게 되었다.

④ あまりにも
1 〈영화 광고〉너무나도 슬프고 아름다운 러브스토리. 당신도 틀림없이 눈물이 멈추지 않을 것이다…….
2 장관의 너무나 무책임한 발언에 듣고 있자니 화가 났다.

⑤ ~だけあって
1 인기 가게인 만큼 요리는 맛있었지만 조금 너무 붐비었다.
2 그는 스포츠맨인 만큼 건강관리에는 엄격하다.

⑥ ~はというと
1 어젯밤, 지진이 있었다고 합니다. 나는 그때 푹 잠들어서

전혀 알아채지 못했습니다만.
② 그 무렵, 일본은 불교가 사람들 사이에 퍼지고 있었다.

⑦ ~ている
① 고호도 또한 파리 풍경을 그렸다.
② 이 쪽 절은 14세기 말에 세워졌습니다만, 1952년에 화재로 불타서 그 후 재건축되었습니다.

⑧ ~が~だけに
① 키퍼가 좋은 만큼 이 팀에서 점수를 얻는 것은 힘들 것 같다.
② 북유럽 국가들은 사회 복지가 발전된 만큼 자신이 행복하다고 느끼는 사람의 비율이 높다.

UNIT 6-2

□ ~限りは
여기에 있는 이상 괜찮습니다, 안심해 주세요.

□ ~ざるを得ない
그는 시험을 보기 위해 서클 활동을 쉬지 않을 수 없었다.

□ ~てはかなわない
이런 것으로 일일이 불평을 들으면 참을 수 없다.

□ ~てもさしつかえない
5분이나 10분 정도라면 늦어도 상관없다.

□ ~ないではいられない
태풍의 영향이 걱정이어서 밭을 보러 가지 않을 수 없었다.

□ ~にすれば
그로서는 농담이더라도 그녀는 무척 상처를 입었다.

□ ~につけ
이런 슬픈 뉴스를 들을 때마다 가슴이 아프다.

□ ~を問わず
이 섬에는 계절과 상관없이 많은 관광객이 방문한다.

⑨ ~につけ
① 열심히 공부하는 아이들을 보면 이 일을 해서 정말 잘됐다고 생각한다.
② 저 손님은 무엇인가에 붙여 불평을 말해 정말 곤란하다.

⑩ ~にすれば
① 이 부근 주민으로 보면 비행기 소음은 무척 큰 문제입니다.
② 당신이 보면 작은 일일지도 모르지만 다른 사람에게는 그렇지 않습니다.

⑪ ~を問わず
① 국적에 관계없이 널리 세계 속에서 우수한 인재를 모으고 싶다.
② 가격이 비싸고 싼 것에 상관없이 어쨌든 좋은 것을 사고 싶다.

⑫ ~てはかなわない
① 손님이 자기가 잘못했을 뿐인데 이쪽 탓으로 돼서는 참을 수 없다.
② 쉴 때마다 놀러 오면 참을 수가 없다.

⑬ ~ざるを得ない
① 고등학교 3학년의 약 3%가 생활이 힘든 탓에 대학 진학을 포기하지 않을 수 없다고 합니다.
② 이 번의 사고는 나라의 안전 관리에 문제가 있었다고 말하지 않을 수 없다.

⑭ ~てもさしつかえない
① A : 검사 전의 밤에는 아무것도 마시지 못합니까?
   B : 아니요, 물이나 차라면 마셔도 지장이 없습니다.
② 이 내용이라면 그대로 방송해도 지장이 없다.

⑮ ~ないではいられない
① 이 곡을 들으면 노래하지 않고 있을 수 없어집니다.
② 부모님도 무척 나이가 들었기 때문에 나도 집안일을 도와드리지 않고는 있을 수 없게 되었다.

⑯ ~限りは
①〈최고령 선수와의 인터뷰〉
체력이 지속하는 한은 열심히 하고 싶습니다.
② 비라도 내리지 않는 한은 예정대로 하이킹에 갑니다.

UNIT 7-1

□ ~くらいなら
돈을 내고 이런 요리를 먹을 정도라면 자기가 만드는 편이 낫다.

□ ~次第で
내일 날씨에 따라 어디에 갈지 정하자.

□ ~てまで
몸이 상하면서까지 일하려고는 생각하지 않는다.

□ ~ところをみると
왕 씨, 싱글벙글하는 것을 보니 시험에 붙은 것 같군.

□ ~ながら
내 방은 1층으로 작지만, 마당도 딸려 있습니다.

□ ~のもとで
저 개는 틀림없이 새 주인 아래서 행복하다고 생각한다.

□ ~ものの
결혼했지만 아직 함께 살지 않는다.

□ ~をはじめとして
이 방법은 동경을 비롯해 많은 도시에서 채용되고 있다.

① ~ながら
①〈인사의 마지막〉・・・이것으로 간단하지만, 축하 인사로 하겠습니다.
② 우리 집의 아이는 아직 2살입니다만, 가끔 우리가 싸움을 하면 아이이지만 걱정이 되는 것 같습니다.

② ~をはじめとして
① 우리 회사에는 중국인을 비롯해 많은 외국인 스태프가 있다.
② 가부키를 비롯해 많은 일본 전통문화가 에도시대에 생겨 발전했다.

③ ~ものの
① 이번은 이겼지만, 득점력 부족 등 일본 팀에게는 많은 과제가 남았다.
② 처음은 상태가 좋았지만 20킬로를 지나자 갑자기 발이 무거워져 달릴 수 없게 되었다.

④ ~のもとで
①〈감사함을 말하다〉선생님 밑에서 공부를 할 수 있어서 정말 좋았습니다.
② 사람의 성격은 어떤 부모 밑에서 자랐는가로 전혀 달라진다.

⑤ ~ところをみると
①〈엄마가 아이에게〉숙제는 이미 끝났니? ・・・말을 하지 않는 것을 보니 아직 이구나. 빨리해라.
② 항상 줄이 생기는 것을 보면 아마 맛있는 가게임이 틀림없다.

⑥ ~次第で
① 사물은 생각하기에 따라 좋게 보이기도 나쁘게 보이기도 하는 것이야. 좋은 방향으로 생각하자.
② 이 작업도 하는 방법에 따라 좀 더 빨리할 수 있지 않을까.

⑦ ~くらいなら
　① 최근에는 지방으로 전근 당할 정도라면 회사를 그만둔다는 젊은이가 늘고 있다고 한다.
　② 저런 남자에게 머리를 숙일 정도라면 죽는 편이 낫다.

⑧ ~てまで
　① 분명히 저기 라면은 맛있지만, 줄을 서서까지 먹으려고는 생각하지 않는다.
　② 히로시, 여행에 와서까지 게임을 하지 않아도 되지!

UNIT 7-2

□ ~に際して(は)
　등록할 때는 아래와 같은 것이 필요하게 됩니다.

□ ~に応じて
　인원 수에 따라 여러 파티 플랜을 고를 수 있습니다.

□ ~をはじめ
　이 대회에는 지난번 우승한 브라질을 비롯해 16개의 나라가 참가하고 있다.

□ ~抜く
　우승하기 위해서는 앞으로 5시합을 이겨가지 않으면 안 된다.

□ ~にほかならない
　내가 이 일을 할 수 있는 것도 이시이 선생님의 지도가 있었기 때문입니다.

□ ~となると
　책의 제목도 저자도 모르면 조사할 방법이 없다.

□ ~ずじまい
　어제는 입식 파티였지만 말만 하고 아무것도 먹지 못하고 끝났다.

□ ~ではないか
　노인 쪽이 부담액이 많다니 이상하지 않은가.

① ~抜く
　① 처음하는 마라톤은 생각 이상으로 힘들었지만, 마지막까지 다 달릴 수 있어 대만족입니다.
　② 〈커피점에서〉 선별된 원두만을 사용한 최고급 맛과 향을 즐겨 주세요.

② ~に応じて
　① 본교에서는 입문 코스에서 통역 코스까지 레벨이나 목적에 따라 여러 코스를 고를 수 있습니다.
　② 카드로 지불을 하면 이용액에 따라 포인트가 쌓인다.

③ ~に際して(は)
　① 시험을 볼 때에는 반드시 수험표를 지참해 주세요.
　② 〈대학 게시판〉 장학금 신청할 때에는 이하와 같은 조건이 있습니다. 잘 확인한 다음에 신청해 주세요.

④ ~にほかならない
　① 〈우승 인터뷰〉 이번에 우승을 할 수 있었던 것은 선수와 스태프가 하나가 되어 힘을 합친 결과입니다.
　② 그가 암에 이길 수 있었던 것은 처음 발견이 빨랐기 때문이다.

⑤ ~をはじめ
　① 이 전자사전은 영어를 비롯해 스페인어, 중국어 등 여러 언어에 대응하고 있다.
　② 일본에 있는 동안은 선생님을 비롯해 여러분이 정말로 친절하게 해 주셔서 정말 고마웠습니다.

⑥ ~となると
　① 그는 보통은 조용합니다만, 게임 이야기가 되면 갑자기 말이 많아진다.
　② 모리 선생님께서 오시지 못하신다면 날짜를 바꾸는 편이 좋아.

⑦ ~ずじまい
　① 일본에 있는 동안 후지 산을 보고 싶었습니다만, 쭉 날씨가 나빠서 보지 못하고 끝났습니다.
　② 모처럼 연휴지만 원고를 쓰지 않으면 안 돼서 어디에도 가지 못하고 끝나버렸다.

⑧ ~ではないか
　① 공부를 하고 싶은데 경제적인 이유로 그것이 허락되지 않는 아이가 있다니 너무나도 불공평하지 않은가.
　② 무엇인가 들려온다고 했더니 어느 사이엔가 지붕 밑에 제비 둥지가 있지 않습니까. 놀랐습니다. 귀여운 새끼도 있었습니다.

UNIT 8-1

□ ~限りでは
　하야시 씨에게 물으니 모임은 예정대로 행해진다고 합니다.

□ ~というか~というか
　그는 밝다고 할지 가볍다고 할지 말을 많이 하는 남자입니다.

□ ~抜きで
　이번 조사로 초등학생의 약 10퍼센트가 아침밥을 안 먹고 학교에 오고 있다는 것을 알았다.

□ ~の上で
　전화 번호를 잘 확인한 후에 거세요.

□ ~のだ
　인간의 생활이 풍요로워지는 한편, 많은 동물이나 자연이 희생이 되어 온 것이다.

□ ~ばかりに
　내가 연락하지 않은 탓에 모두에게 폐를 끼쳐버렸다.

□ ~までして
　철야까지 해서 공부했는데 문제가 예상과는 전혀 달랐다.

□ ~(よ)うか~まいか
　말할지 말하지 말지 망설였지만 결국 말하지 않았다.

① ~(よ)うか~まいか
　① 비싸니까 살지 말지 망설였지만, 이것이라면 평생 사용할 수 있다고 생각해 사기로 했다.
　② 한 시간밖에 잘 수 있는 시간이 없어서 잘지 말지 망설였지만 결국 자지 않았다.

② ~抜きで
　① 〈일로 방문한 장소에 대해〉 무척 좋은 곳이어서 다음에는 꼭 일은 빼고 오고 싶다고 생각했다.
　② A : 아무쪼록 우리의 활동에 협력해 주실 수 없으십니까?
　　B : 알았습니다. 곤란한 사람들을 돕기 위해서니까요. 돈은 빼고 가능한 한 협력하겠습니다.

③ ~までして
　① 「저 가게 굉장히 줄이 서 있네.」「정말이네. 하지만, 나는 줄 서서까지 라면을 먹고 싶지는 않아.」
　② 친구는 마르기 위해서 밥을 굶거나 하지만 나는 그렇게까지 해서 마르고 싶지는 않다.

④ ~のだ
　① 이것으로 자유롭게 되었다! 누구나가 그렇게 생각했다.
　② 매일 조금씩 공부해 왔기 때문에 이렇게 합격할 수 있었습니다.
　③ A : 이 에어컨, 고장 난 것 같다. 시원한 바람이 전혀 나오지 않아.
　　B : 뭐야. 그래서 더웠던 거구나.

⑤ ~ばかりに
  1 깜빡 휴대폰을 잊어버린 탓에 친구와 만날 수 없게 되었다.
  2 내 설명이 부족한 탓에 모두에게 폐를 끼쳐버렸습니다.
⑥ ~の上で
  1 공사 계획은 주변 주민과 대화한 후에 정해져야 한다.
  2 주문하실 때는 상품을 잘 확인한 후에 구입해 주시도록 부탁합니다.
⑦ ~というか~というか
  1 스스로 소고기덮밥을 만들어 보았지만, 맛이 너무 진하다고 할까 너무 달다고 할까 조금 이상한 맛이 되어 버렸다.
  2 저 사람은 성실하다고 할지 너무 성실하다고 할지 전혀 농담을 말하거나 하지 않습니다.
⑧ ~限りでは
  1 일본 문학 연구에 관해서는 내가 아는 한은, 이 대학이 최고입니다.
  2 입원 환자에게 전화 연결은 오전 9시부터 오후 9시까지입니다. 단, 긴급한 경우는 이대로는 아닙니다.

UNIT 8-2

☐ ~てでも
모르는 것이 있으면 다소 창피를 당하더라도 금방 묻는 편이 좋다.

☐ ~というものでもない
이기면 되는 것이 아니다. 내용이 중요하다.

☐ ~にあたって
취직활동을 시작함에 우선 선배님의 말씀을 들어 보았다.

☐ ~にしたところで
원래 디자인이 좋지 않아서 다른 색으로 했다고 해서 별로 바뀌지 않는다.

☐ ~にしても
늦게 온다고 해도 전화 한 통화, 연락을 넣어야 한다.

☐ ~ものがある
항상 왔던 이 가게가 없어진다고 생각하니 쓸쓸한 것이 있다.

☐ ~ものなら
다시 할 수 있다면 다시 한 번 고등학교 시절로 돌아가고 싶다.

☐ ~んだった
아차! 오늘은 사전이 필요했다.

① ~てでも
  1 A : 과장님, 전철이 멈춘 것 같습니다.
    B : 중요한 미팅이니까 걸어서라도 가지 않으면 안 돼. 전철은 포기하고 택시를 잡자.
  2「젊어서의 고생은 사서라도 해라」라는 속담이 있지만 맞다고 생각해.
② ~ものなら
  1 가능하다면 다시 한 번 인생을 살아보고 싶다.
  2「준비, 힘들 것 같네. 누군가에게 도와 달라고 하면 어때?」「부탁할 수 있으면 부탁하고 싶지만 모두 바빠서 무리이지 않을까.」
③ ~というものでもない
  1 미인이라고 행복하게 되는 것도 아니다.
  2 물가가 싸지는 것은 기쁘지만, 아무것이나 싸면 좋은 것도 아니다.
④ ~にあたって
  1 장학금 신청에 있어 몇 가지 조건이 있기 때문에 상세히는 사무실에 문의하세요.
  2 논문을 쓰기에 있어 중요한 것의 하나는 쓰는 법의 규칙을 지키는 것입니다.
⑤ ~ものがある
  1 최근의 휴대 전화 기술은 놀랄만한 것이 있습니다.
    A : 이 CD 좋군. 여성의 목소리가 좋아.
    B : 그렇지? 그녀의 목소리에는 무언가 듣는 사람을 끌어당기는 것이 있지.
⑥ ~にしたところで
  1 이 상품이 어느 정도 팔릴지 사장이라고 해도 실제는 알지 못한다.
  2 휴대폰의 사용을 금지한다고 해도 어느 정도 학생들이 따를지 모른다.
⑦ ~にしても
  1 사과한다고 해도 좀 더 제대로 사과해야 한다.
  2 바쁘다고 해도 결석한다는 연락을 하지 않는 것은 좋지 않다.
⑧ ~んだった
  1 A : 호텔, 아직 잡지 못했니?
    B : 응, 무척 붐벼서. 이럴 것이라면 좀 더 빨리 예약을 해 두는 것이었다.
  2 아, 좀 더 빨리 나오는 것이었다. 그러면 이렇게 초조하지 않아도 됐을 텐데.